I0176435

NORVEGESE
VOCABOLARIO

ITALIANO-
NORVEGESE

Le parole più utili
Per ampliare il proprio lessico e affinare
le proprie abilità linguistiche

3000 parole

Vocabolario Italiano-Norvegese per studio autodidattico - 3000 parole

Di Andrey Taranov

I vocabolari T&P Books si propongono come strumento di aiuto per apprendere, memorizzare e revisionare l'uso di termini stranieri. Il dizionario si divide in vari argomenti che includono la maggior parte delle attività quotidiane, tra cui affari, scienza, cultura, ecc.

Il processo di apprendimento delle parole attraverso i dizionari divisi in liste tematiche della collana T&P Books offre i seguenti vantaggi:

- Le fonti d'informazione correttamente raggruppate garantiscono un buon risultato nella memorizzazione delle parole
- La possibilità di memorizzare gruppi di parole con la stessa radice (piuttosto che memorizzarle separatamente)
- Piccoli gruppi di parole facilitano il processo di apprendimento per associazione, utile al potenziamento lessicale
- Il livello di conoscenza della lingua può essere valutato attraverso il numero di parole apprese

T&P Books Publishing
www.tpbooks.com

ISBN: 978-1-78492-026-5

Questo libro è disponibile anche in formato e-book.
Visitate il sito www.tpbooks.com o le principali librerie online.

VOCABOLARIO NORVEGESE
per studio autodidattico

I vocabolari T&P Books si propongono come strumento di aiuto per apprendere, memorizzare e revisionare l'uso di termini stranieri. Il vocabolario contiene oltre 3000 parole di uso comune ordinate per argomenti.

- Il vocabolario contiene le parole più comunemente usate
- È consigliato in aggiunta ad un corso di lingua
- Risponde alle esigenze degli studenti di lingue straniere sia essi principianti o di livello avanzato
- Pratico per un uso quotidiano, per gli esercizi di revisione e di autovalutazione
- Consente di valutare la conoscenza del proprio lessico

Caratteristiche specifiche del vocabolario:

- Le parole sono ordinate secondo il proprio significato e non alfabeticamente
- Le parole sono riportate in tre colonne diverse per facilitare il metodo di revisione e autovalutazione
- I gruppi di parole sono divisi in sottogruppi per facilitare il processo di apprendimento
- Il vocabolario offre una pratica e semplice trascrizione fonetica per ogni termine straniero

Il vocabolario contiene 101 argomenti tra cui:

Concetti di Base, Numeri, Colori, Mesi, Stagioni, Unità di Misura, Abbigliamento e Accessori, Cibo e Alimentazione, Ristorante, Membri della Famiglia, Parenti, Personalità, Sentimenti, Emozioni, Malattie, Città, Visita Turistica, Acquisti, Denaro, Casa, Ufficio, Lavoro d'Ufficio, Import-export, Marketing, Ricerca di un Lavoro, Sport, Istruzione, Computer, Internet, Utensili, Natura, Paesi, Nazionalità e altro ancora ...

INDICE

GUIDA ALLA PRONUNCIA

Lettera	Esempio norvegese	Alfabeto fonetico T&P	Esempio italiano
Aa	plass	[ɑ], [ɑ:]	fare
Bb	bøtte, albue	[b]	bianco
Cc [1]	centimeter	[s]	sapere
Cc [2]	Canada	[k]	cometa
Dd	radius	[d]	doccia
Ee	rett	[e:]	essere
Ee [3]	begå	[ɛ]	centro
Ff	fattig	[f]	ferrovia
Gg [4]	golf	[g]	guerriero
Gg [5]	gyllen	[j]	New York
Gg [6]	regnbue	[ŋ]	fango
Hh	hektar	[h]	[h] dolce
Ii	kilometer	[ɪ], [i]	lunedì
Kk	konge	[k]	cometa
Kk [7]	kirke	[h]	[h] dolce
Jj	fjerde	[j]	New York
kj	bikkje	[h]	[h] dolce
Ll	halvår	[l]	saluto
Mm	middag	[m]	mostra
Nn	november	[n]	notte
ng	id_langt	[ŋ]	fango
Oo [8]	honning	[ɔ]	romanzo
Oo [9]	fot, krone	[u]	prugno
Pp	plomme	[p]	pieno
Qq	sequoia	[k]	cometa
Rr	sverge	[r]	ritmo, raro
Ss	appelsin	[s]	sapere
sk [10]	skikk, skyte	[ʃ]	ruscello
Tt	stør, torsk	[t]	tattica
Uu	brudd	[y]	luccio
Vv	kraftverk	[v]	volare
Ww	webside	[v]	volare
Xx	mexicaner	[ks]	taxi
Yy	nytte	[ɪ], [i]	lunedì
Zz [11]	New Zealand	[s]	sinfonia, tsunami
Ææ	vær, stær	[æ]	spremifrutta
Øø	ørn, gjø	[ø]	oblò
Åå	gås, værhår	[o:]	coordinare

Note di commento

[1] prima di **e, i**
[2] altrove
[3] atona
[4] prima di **a, o, u, å**
[5] prima di **i** e **y**
[6] insieme a **gn**
[7] prima di **i** e **y**
[8] prima di due consonanti
[9] prima di una consonante
[10] prima di **i** e **y**
[11] solo nei prestiti linguistici

ABBREVIAZIONI
usate nel vocabolario

Italiano. Abbreviazioni

agg	-	aggettivo
anim.	-	animato
avv	-	avverbio
cong	-	congiunzione
ecc.	-	eccetera
f	-	sostantivo femminile
f pl	-	femminile plurale
fem.	-	femminile
form.	-	formale
inanim.	-	inanimato
inform.	-	familiare
m	-	sostantivo maschile
m pl	-	maschile plurale
m, f	-	maschile, femminile
masc.	-	maschile
mil.	-	militare
pl	-	plurale
pron	-	pronome
qc	-	qualcosa
qn	-	qualcuno
sing.	-	singolare
v aus	-	verbo ausiliare
vi	-	verbo intransitivo
vi, vt	-	verbo intransitivo, transitivo
vr	-	verbo riflessivo
vt	-	verbo transitivo

Norvegese. Abbreviazioni

f	-	sostantivo femminile
f pl	-	femminile plurale
m	-	sostantivo maschile
m pl	-	maschile plurale
m/f	-	maschile, neutro
m/f pl	-	maschile/femminile plurale
m/f/n	-	maschile/femminile/neutro
m/n	-	maschile, femminile
n	-	neutro

n pl   -   plurale neutro
pl   -   plurale

CONCETTI DI BASE

1. Pronomi

io	jeg	['jæj]
tu	du	[dʉ]
lui	han	['han]
lei	hun	['hʉn]
esso	det, den	['de], ['den]
noi	vi	['vi]
voi	dere	['derə]
loro	de	['de]

2. Saluti. Convenevoli

Salve!	Hei!	['hæj]
Buongiorno!	Hallo! God dag!	[ha'lʊ], [gʊ 'da]
Buongiorno! (la mattina)	God morn!	[gʊ 'mɔːn]
Buon pomeriggio!	God dag!	[gʊ'da]
Buonasera!	God kveld!	[gʊ 'kvɛl]
salutare (vt)	å hilse	[ɔ 'hilsə]
Ciao! Salve!	Hei!	['hæj]
saluto (m)	hilsen (m)	['hilsən]
salutare (vt)	å hilse	[ɔ 'hilsə]
Come sta?	Hvordan står det til?	['vʊːɖan stoːr de til]
Come stai?	Hvordan går det?	['vʊːɖan gor de]
Che c'è di nuovo?	Hva nytt?	[va 'nʏt]
Arrivederci!	Ha det bra!	[ha de 'bra]
Ciao!	Ha det!	[ha 'de]
A presto!	Vi ses!	[vi sɛs]
Addio!	Farvel!	[far'vɛl]
congedarsi (vr)	å si farvel	[ɔ 'si far'vɛl]
Ciao! (A presto!)	Ha det!	[ha 'de]
Grazie!	Takk!	['tak]
Grazie mille!	Tusen takk!	['tʉsən tak]
Prego	Bare hyggelig	['barə 'hʏgeli]
Non c'è di che!	Ikke noe å takke for!	['ikə 'nʊe ɔ 'takə fɔr]
Di niente	Ingen årsak!	['iŋən 'oːʂak]
Scusa!	Unnskyld, ...	['ʉnˌʂyl ...]
Scusi!	Unnskyld meg, ...	['ʉnˌʂyl me ...]
scusare (vt)	å unnskylde	[ɔ 'ʉnˌʂylə]
scusarsi (vr)	å unnskylde seg	[ɔ 'ʉnˌʂylə sæj]

Chiedo scusa	Jeg ber om unnskyldning	[jæej ber ɔm 'ʉnˌsyldniŋ]
Mi perdoni!	Unnskyld!	['ʉnˌsyl]
perdonare (vt)	å tilgi	[ɔ 'tilˌji]
Non fa niente	Ikke noe problem	['ikə 'nʉe prʊ'blem]
per favore	vær så snill	['vær ʂɔ 'snil]

Non dimentichi!	Ikke glem!	['ikə 'glem]
Certamente!	Selvfølgelig!	[sɛl'følgəli]
Certamente no!	Selvfølgelig ikke!	[sɛl'følgəli 'ikə]
D'accordo!	OK! Enig!	[ɔ'kɛj], ['ɛni]
Basta!	Det er nok!	[de ær 'nɔk]

3. Domande

Chi?	Hvem?	['vɛm]
Che cosa?	Hva?	['va]
Dove? (in che luogo?)	Hvor?	['vʊr]
Dove? (~ vai?)	Hvorhen?	['vʊrhen]
Di dove?, Da dove?	Hvorfra?	['vʊrfra]
Quando?	Når?	[nɔr]
Perché? (per quale scopo?)	Hvorfor?	['vʊrfʊr]
Perché? (per quale ragione?)	Hvorfor?	['vʊrfʊr]

Per che cosa?	Hvorfor?	['vʊrfʊr]
Come?	Hvordan?	['vʊːdan]
Che? (~ colore è?)	Hvilken?	['vilkən]
Quale?	Hvilken?	['vilkən]

A chi?	Til hvem?	[til 'vɛm]
Di chi?	Om hvem?	[ɔm 'vɛm]
Di che cosa?	Om hva?	[ɔm 'va]
Con chi?	Med hvem?	[me 'vɛm]
Quanti?	Hvor mange?	[vʊr 'maŋe]
Quanto?	Hvor mye?	[vʊr 'mye]
Di chi?	Hvis?	['vis]

4. Preposizioni

con (tè ~ il latte)	med	[me]
senza	uten	['ʉtən]
a (andare ~ ...)	til	['til]
di (parlare ~ ...)	om	['ɔm]
prima di ...	før	['før]
di fronte a ...	foran, framfor	['fɔran], ['framfɔr]

sotto (avv)	under	['ʉnər]
sopra (al di ~)	over	['ɔvər]
su (sul tavolo, ecc.)	på	['pɔ]
da, di (via da ..., fuori di ...)	fra	['fra]
di (fatto ~ cartone)	av	[aː]
fra (~ dieci minuti)	om	['ɔm]
attraverso (dall'altra parte)	over	['ɔvər]

5. Parole grammaticali. Avverbi. Parte 1

Dove?	Hvor?	['vʊr]
qui (in questo luogo)	her	['hɛr]
lì (in quel luogo)	der	['dɛr]
da qualche parte (essere ~)	et sted	[et 'sted]
da nessuna parte	ingensteds	['iŋen‚stɛts]
vicino a ...	ved	['ve]
vicino alla finestra	ved vinduet	[ve 'vindʉe]
Dove?	Hvorhen?	['vʊrhen]
qui (vieni ~)	hit	['hit]
ci (~ vado stasera)	dit	['dit]
da qui	herfra	['hɛr‚fra]
da lì	derfra	['dɛr‚fra]
vicino, accanto (avv)	nær	['nær]
lontano (avv)	langt	['laŋt]
vicino (~ a Parigi)	nær	['nær]
vicino (qui ~)	i nærheten	[i 'nær‚heten]
non lontano	ikke langt	['ike 'laŋt]
sinistro (agg)	venstre	['vɛnstre]
a sinistra (rimanere ~)	til venstre	[til 'vɛnstre]
a sinistra (girare ~)	til venstre	[til 'vɛnstre]
destro (agg)	høyre	['højre]
a destra (rimanere ~)	til høyre	[til 'højre]
a destra (girare ~)	til høyre	[til 'højre]
davanti	foran	['fɔran]
anteriore (agg)	fremre	['frɛmre]
avanti	fram	['fram]
dietro (avv)	bakom	['bakɔm]
da dietro	bakfra	['bak‚fra]
indietro	tilbake	[til'bake]
mezzo (m), centro (m)	midt (m)	['mit]
in mezzo, al centro	i midten	[i 'miten]
di fianco	fra siden	[fra 'siden]
dappertutto	overalt	[ɔver'alt]
attorno	rundt omkring	['rʉnt ɔm'kriŋ]
da dentro	innefra	['ine‚fra]
da qualche parte (andare ~)	et sted	[et 'sted]
dritto (direttamente)	rett, direkte	['rɛt], ['di'rɛkte]
indietro	tilbake	[til'bake]
da qualsiasi parte	et eller annet steds fra	[et 'eler ‚a:nt 'stɛts fra]
da qualche posto (veniamo ~)	et eller annet steds fra	[et 'eler ‚a:nt 'stɛts fra]

in primo luogo	for det første	[fɔr de 'fœʂtə]
in secondo luogo	for det annet	[fɔr de 'ɑːnt]
in terzo luogo	for det tredje	[fɔr de 'trɛdje]

all'improvviso	plutselig	['plʉtseli]
all'inizio	i begynnelsen	[i be'jinəlsən]
per la prima volta	for første gang	[fɔr 'fœʂtə ˌgɑŋ]
molto tempo prima di...	lenge før ...	['leŋə 'før ...]
di nuovo	på nytt	[pɔ 'nʏt]
per sempre	for godt	[fɔr 'gɔt]

mai	aldri	['ɑldri]
ancora	igjen	[i'jɛn]
adesso	nå	['nɔ]
spesso (avv)	ofte	['ɔftə]
allora	da	['dɑ]
urgentemente	omgående	['ɔmˌgɔːnə]
di solito	vanligvis	['vɑnliˌvis]

a proposito, ...	forresten, ...	[fɔ'rɛstən ...]
è possibile	mulig, kanskje	['mʉli], ['kɑnʂə]
probabilmente	sannsynligvis	[sɑn'sʏnliˌvis]
forse	kanskje	['kɑnʂə]
inoltre ...	dessuten, ...	[des'ʉtən ...]
ecco perché ...	derfor ...	['dɛrfɔr ...]
nonostante (~ tutto)	på tross av ...	['pɔ 'trɔs ɑː ...]
grazie a ...	takket være ...	['tɑkət ˌværə ...]

che cosa (pron)	hva	['vɑ]
che (cong)	at	[ɑt]
qualcosa (qualsiasi cosa)	noe	['nʉe]
qualcosa (le serve ~?)	noe	['nʉe]
niente	ingenting	['iŋəntiŋ]

chi (pron)	hvem	['vɛm]
qualcuno (annuire a ~)	noen	['nʉən]
qualcuno (dipendere da ~)	noen	['nʉən]

nessuno	ingen	['iŋən]
da nessuna parte	ingensteds	['iŋənˌstɛts]
di nessuno	ingens	['iŋəns]
di qualcuno	noens	['nʉəns]

così (era ~ arrabbiato)	så	['sɔː]
anche (penso ~ a ...)	også	['ɔsɔ]
anche, pure	også	['ɔsɔ]

6. Parole grammaticali. Avverbi. Parte 2

Perché?	Hvorfor?	['vʉrfʉr]
per qualche ragione	av en eller annen grunn	[ɑː en elər 'ɑnən ˌgrʉn]
perché ...	fordi ...	[fɔ'di ...]
per qualche motivo	av en eller annen grunn	[ɑː en elər 'ɑnən ˌgrʉn]
e (cong)	og	['ɔ]

o (sì ~ no?)	eller	['elər]
ma (però)	men	['men]
per (~ me)	for, til	[fɔr], [til]

troppo	for, altfor	['fɔr], ['altfɔr]
solo (avv)	bare	['barə]
esattamente	presis, eksakt	[prɛ'sis], [ɛk'sakt]
circa (~ 10 dollari)	cirka	['sirka]

approssimativamente	omtrent	[ɔm'trɛnt]
approssimativo (agg)	omtrentlig	[ɔm'trɛntli]
quasi	nesten	['nɛstən]
resto	rest (m)	['rɛst]

l'altro (~ libro)	den annen	[den 'anən]
altro (differente)	andre	['andrə]
ogni (agg)	hver	['vɛr]
qualsiasi (agg)	hvilken som helst	['vilkən sɔm 'hɛlst]
molti, molto	mye	['mye]
molta gente	mange	['maŋə]
tutto, tutti	alle	['alə]

in cambio di ...	til gjengjeld for ...	[til 'jɛnjɛl for ...]
in cambio	istedenfor	[i'steden,for]
a mano (fatto ~)	for hånd	[for 'hɔn]
poco probabile	neppe	['nepə]

probabilmente	sannsynligvis	[san'synli,vis]
apposta	med vilje	[me 'vilje]
per caso	tilfeldigvis	[til'fɛldivis]

molto (avv)	meget	['megət]
per esempio	for eksempel	[for ɛk'sɛmpəl]
fra (~ due)	mellom	['mɛlɔm]
fra (~ più di due)	blant	['blant]
tanto (quantità)	så mye	['sɔ: mye]
soprattutto	særlig	['sæ:ḷi]

NUMERI. VARIE

7. Numeri cardinali. Parte 1

zero (m)	null	['nʉl]
uno	en	['en]
due	to	['tʊ]
tre	tre	['tre]
quattro	fire	['fire]
cinque	fem	['fɛm]
sei	seks	['sɛks]
sette	sju	['ʂʉ]
otto	åtte	['ɔtə]
nove	ni	['ni]
dieci	ti	['ti]
undici	elleve	['ɛlvə]
dodici	tolv	['tɔl]
tredici	tretten	['trɛtən]
quattordici	fjorten	['fjɔ:ʈən]
quindici	femten	['fɛmtən]
sedici	seksten	['sæjstən]
diciassette	sytten	['sʏtən]
diciotto	atten	['atən]
diciannove	nitten	['nitən]
venti	tjue	['çʉe]
ventuno	tjueen	['çʉe en]
ventidue	tjueto	['çʉe tʊ]
ventitre	tjuetre	['çʉe tre]
trenta	tretti	['trɛti]
trentuno	trettien	['trɛti en]
trentadue	trettito	['trɛti tʊ]
trentatre	trettitre	['trɛti tre]
quaranta	førti	['fœ:ʈi]
quarantuno	førtien	['fœ:ʈi en]
quarantadue	førtito	['fœ:ʈi tʊ]
quarantatre	førtitre	['fœ:ʈi tre]
cinquanta	femti	['fɛmti]
cinquantuno	femtien	['fɛmti en]
cinquantadue	femtito	['fɛmti tʊ]
cinquantatre	femtitre	['fɛmti tre]
sessanta	seksti	['sɛksti]
sessantuno	sekstien	['sɛksti en]

sessantadue	sekstito	['sɛksti tʊ]
sessantatre	sekstitre	['sɛksti tre]
settanta	sytti	['sʏti]
settantuno	syttien	['sʏti en]
settantadue	syttito	['sʏti tʊ]
settantatre	syttitre	['sʏti tre]
ottanta	åtti	['ɔti]
ottantuno	åttien	['ɔti en]
ottantadue	åttito	['ɔti tʊ]
ottantatre	åttitre	['ɔti tre]
novanta	nitti	['niti]
novantuno	nittien	['niti en]
novantadue	nittito	['niti tʊ]
novantatre	nittitre	['niti tre]

8. Numeri cardinali. Parte 2

cento	hundre	['hʉndrə]
duecento	to hundre	['tʊ ˌhʉndrə]
trecento	tre hundre	['tre ˌhʉndrə]
quattrocento	fire hundre	['fire ˌhʉndrə]
cinquecento	fem hundre	['fɛm ˌhʉndrə]
seicento	seks hundre	['sɛks ˌhʉndrə]
settecento	syv hundre	['syv ˌhʉndrə]
ottocento	åtte hundre	['ɔtə ˌhʉndrə]
novecento	ni hundre	['ni ˌhʉndrə]
mille	tusen	['tʉsən]
duemila	to tusen	['tʊ ˌtʉsən]
tremila	tre tusen	['tre ˌtʉsən]
diecimila	ti tusen	['ti ˌtʉsən]
centomila	hundre tusen	['hʉndrə ˌtʉsən]
milione (m)	million (m)	[mi'ljun]
miliardo (m)	milliard (m)	[mi'lja:ɖ]

9. Numeri ordinali

primo	første	['fœʂtə]
secondo	annen	['anən]
terzo	tredje	['trɛdjə]
quarto	fjerde	['fjærə]
quinto	femte	['fɛmtə]
sesto	sjette	['ʂɛtə]
settimo	sjuende	['ʂʉenə]
ottavo	åttende	['ɔtenə]
nono	niende	['nienə]
decimo	tiende	['tienə]

COLORI. UNITÀ DI MISURA

10. Colori

colore (m)	farge (m)	['fɑrgə]
sfumatura (f)	nyanse (m)	[ny'anse]
tono (m)	fargetone (m)	['fɑrgə,tʉnə]
arcobaleno (m)	regnbue (m)	['ræjn,bʉ:ə]
bianco (agg)	hvit	['vit]
nero (agg)	svart	['svɑ:t]
grigio (agg)	grå	['grɔ]
verde (agg)	grønn	['grœn]
giallo (agg)	gul	['gʉl]
rosso (agg)	rød	['rø]
blu (agg)	blå	['blɔ]
azzurro (agg)	lyseblå	['lysə,blɔ]
rosa (agg)	rosa	['rosɑ]
arancione (agg)	oransje	[ɔ'ranʂɛ]
violetto (agg)	fiolett	[fiʊ'løt]
marrone (agg)	brun	['brʉn]
d'oro (agg)	gullgul	['gʉl]
argenteo (agg)	sølv-	['søl-]
beige (agg)	beige	['bɛ:ʂ]
color crema (agg)	kremfarget	['krɛm,fɑrgət]
turchese (agg)	turkis	[tʉr'kis]
rosso ciliegia (agg)	kirsebærrød	['çiʂəbær,rød]
lilla (agg)	lilla	['lilɑ]
rosso lampone (agg)	karminrød	['kɑrmʊ'sin,rød]
chiaro (agg)	lys	['lys]
scuro (agg)	mørk	['mœrk]
vivo, vivido (agg)	klar	['klɑr]
colorato (agg)	farge-	['fɑrgə-]
a colori	farge-	['fɑrgə-]
bianco e nero (agg)	svart-hvit	['svɑ:t vit]
in tinta unita	ensfarget	['ɛns,fɑrgət]
multicolore (agg)	mangefarget	['mɑŋə,fɑrgət]

11. Unità di misura

peso (m)	vekt (m)	['vɛkt]
lunghezza (f)	lengde (m/f)	['leŋdə]

larghezza (f)	bredde (m)	['brɛdə]
altezza (f)	høyde (m)	['højdə]
profondità (f)	dybde (m)	['dʏbdə]
volume (m)	volum (n)	[vɔ'lʉm]
area (f)	areal (n)	[ˌɑre'ɑl]

grammo (m)	gram (n)	['grɑm]
milligrammo (m)	milligram (n)	['miliˌgrɑm]
chilogrammo (m)	kilogram (n)	['çiluˌgrɑm]
tonnellata (f)	tonn (m/n)	['tɔn]
libbra (f)	pund (n)	['pʉn]
oncia (f)	unse (m)	['ʉnsə]

metro (m)	meter (m)	['metər]
millimetro (m)	millimeter (m)	['miliˌmetər]
centimetro (m)	centimeter (m)	['sɛntiˌmetər]
chilometro (m)	kilometer (m)	['çiluˌmetər]
miglio (m)	mil (m/f)	['mil]

pollice (m)	tomme (m)	['tɔmə]
piede (f)	fot (m)	['fʊt]
iarda (f)	yard (m)	['ja:rd]

metro (m) quadro	kvadratmeter (m)	[kvɑ'drɑtˌmetər]
ettaro (m)	hektar (n)	['hɛktɑr]

litro (m)	liter (m)	['litər]
grado (m)	grad (m)	['grɑd]
volt (m)	volt (m)	['vɔlt]
ampere (m)	ampere (m)	[ɑm'pɛr]
cavallo vapore (m)	hestekraft (m/f)	['hɛstəˌkrɑft]

quantità (f)	mengde (m)	['mɛŋdə]
un po' di ...	få ...	['fɔ ...]
metà (f)	halvdel (m)	['hɑldel]
dozzina (f)	dusin (n)	[dʉ'sin]
pezzo (m)	stykke (n)	['stʏkə]

dimensione (f)	størrelse (m)	['stœrelsə]
scala (f) (modello in ~)	målestokk (m)	['mo:ləˌstɔk]

minimo (agg)	minimal	[mini'mɑl]
minore (agg)	minste	['minstə]
medio (agg)	middel-	['midəl-]
massimo (agg)	maksimal	[mɑksi'mɑl]
maggiore (agg)	største	['stœṣtə]

12. Contenitori

barattolo (m) di vetro	glaskrukke (m/f)	['glɑsˌkrʉkə]
latta, lattina (f)	boks (m)	['bɔks]
secchio (m)	bøtte (m/f)	['bœtə]
barile (m), botte (f)	tønne (m)	['tœnə]
catino (m)	vaskefat (n)	['vɑskəˌfɑt]

serbatoio (m) (per liquidi)	tank (m)	['tɑnk]
fiaschetta (f)	lommelerke (m/f)	['lʉmə‚lærkə]
tanica (f)	bensinkanne (m/f)	[bɛn'sin‚kɑnə]
cisterna (f)	tank (m)	['tɑnk]

tazza (f)	krus (n)	['krʉs]
tazzina (f) (~ di caffé)	kopp (m)	['kɔp]
piattino (m)	tefat (n)	['te‚fɑt]
bicchiere (m) (senza stelo)	glass (n)	['glɑs]
calice (m)	vinglass (n)	['vin‚glɑs]
casseruola (f)	gryte (m/f)	['grytə]

| bottiglia (f) | flaske (m) | ['flɑskə] |
| collo (m) (~ della bottiglia) | flaskehals (m) | ['flɑskə‚hɑls] |

caraffa (f)	karaffel (m)	[kɑ'rɑfəl]
brocca (f)	mugge (m/f)	['mʉgə]
recipiente (m)	beholder (m)	[be'hɔlər]
vaso (m) di coccio	pott, potte (m)	['pɔt], ['pɔtə]
vaso (m) di fiori	vase (m)	['vɑsə]

boccetta (f) (~ di profumo)	flakong (m)	[flɑ'kɔŋ]
fiala (f)	flaske (m/f)	['flɑskə]
tubetto (m)	tube (m)	['tʉbə]

sacco (m) (~ di patate)	sekk (m)	['sɛk]
sacchetto (m) (~ di plastica)	pose (m)	['pʉsə]
pacchetto (m) (~ di sigarette, ecc.)	pakke (m/f)	['pɑkə]

scatola (f) (~ per scarpe)	eske (m/f)	['ɛskə]
cassa (f) (~ di vino, ecc.)	kasse (m/f)	['kɑsə]
cesta (f)	kurv (m)	['kʉrv]

I VERBI PIÙ IMPORTANTI

13. I verbi più importanti. Parte 1

accorgersi (vr)	à bemerke	[ɔ beˈmærkə]
afferrare (vt)	à fange	[ɔ ˈfɑŋə]
affittare (dare in affitto)	à leie	[ɔ ˈlæjə]
aiutare (vt)	à hjelpe	[ɔ ˈjɛlpə]
amare (qn)	à elske	[ɔ ˈɛlskə]

andare (camminare)	à gå	[ɔ ˈgɔ]
annotare (vt)	à skrive ned	[ɔ ˈskrivə ne]
appartenere (vi)	à tilhøre ...	[ɔ ˈtilˌhørə ...]
aprire (vt)	à åpne	[ɔ ˈɔpnə]
arrivare (vi)	à ankomme	[ɔ ˈanˌkɔmə]
aspettare (vt)	à vente	[ɔ ˈvɛntə]

avere (vt)	à ha	[ɔ ˈhɑ]
avere fame	à være sulten	[ɔ ˈværə ˈsʉltən]
avere fretta	à skynde seg	[ɔ ˈşynə sæj]

avere paura	à frykte	[ɔ ˈfrʏktə]
avere sete	à være tørst	[ɔ ˈværə ˈtœşt]
avvertire (vt)	à varsle	[ɔ ˈvɑşlə]
cacciare (vt)	à jage	[ɔ ˈjagə]
cadere (vi)	à falle	[ɔ ˈfalə]
cambiare (vt)	à endre	[ɔ ˈɛndrə]
capire (vt)	à forstå	[ɔ fɔˈştɔ]
cenare (vi)	à spise middag	[ɔ ˈspisə ˈmiˌdɑ]
cercare (vt)	à søke ...	[ɔ ˈsøkə ...]
cessare (vt)	à slutte	[ɔ ˈşlʉtə]
chiedere (~ aiuto)	à tilkalle	[ɔ ˈtilˌkɑlə]

chiedere (domandare)	à spørre	[ɔ ˈspørə]
cominciare (vt)	à begynne	[ɔ beˈjinə]
comparare (vt)	à sammenlikne	[ɔ ˈsamənˌliknə]
confondere (vt)	à forveksle	[ɔ fɔrˈvɛkşlə]
conoscere (qn)	à kjenne	[ɔ ˈçɛnə]

conservare (vt)	à beholde	[ɔ beˈhɔlə]
consigliare (vt)	à råde	[ɔ ˈroːdə]
contare (calcolare)	à telle	[ɔ ˈtɛlə]
contare su ...	à regne med ...	[ɔ ˈrɛjnə me ...]
continuare (vt)	à fortsette	[ɔ ˈfortˌşɛtə]

controllare (vt)	à kontrollere	[ɔ kʉntrɔˈlerə]
correre (vi)	à løpe	[ɔ ˈløpə]
costare (vt)	à koste	[ɔ ˈkɔstə]
creare (vt)	à opprette	[ɔ ˈɔpˌrɛtə]
cucinare (vi)	à lage	[ɔ ˈlagə]

14. I verbi più importanti. Parte 2

dare (vt)	å gi	[ɔ 'ji]
dare un suggerimento	å gi et vink	[ɔ 'ji et 'vink]
decorare (adornare)	å pryde	[ɔ 'prydə]
difendere (~ un paese)	å forsvare	[ɔ fɔ'şvarə]
dimenticare (vt)	å glemme	[ɔ 'glemə]
dire (~ la verità)	å si	[ɔ 'si]
dirigere (compagnia, ecc.)	å styre, å lede	[ɔ 'styrə], [ɔ 'ledə]
discutere (vt)	å diskutere	[ɔ disku'terə]
domandare (vt)	å be	[ɔ 'be]
dubitare (vi)	å tvile	[ɔ 'tvilə]
entrare (vi)	å komme inn	[ɔ 'kɔmə in]
esigere (vt)	å kreve	[ɔ 'krevə]
esistere (vi)	å eksistere	[ɔ ɛksi'sterə]
essere (vi)	å være	[ɔ 'værə]
essere d'accordo	å samtykke	[ɔ 'sam‚tʏkə]
fare (vt)	å gjøre	[ɔ 'jørə]
fare colazione	å spise frokost	[ɔ 'spisə ‚frʊkɔst]
fare il bagno	å bade	[ɔ 'badə]
fermarsi (vr)	å stoppe	[ɔ 'stɔpə]
fidarsi (vr)	å stole på	[ɔ 'stʊlə pɔ]
finire (vt)	å slutte	[ɔ 'şlʉtə]
firmare (~ un documento)	å underskrive	[ɔ 'ʉnə‚şkrivə]
giocare (vi)	å leke	[ɔ 'lekə]
girare (~ a destra)	å svinge	[ɔ 'sviŋə]
gridare (vi)	å skrike	[ɔ 'skrikə]
indovinare (vt)	å gjette	[ɔ 'jɛtə]
informare (vt)	å informere	[ɔ infɔr'merə]
ingannare (vt)	å fuske	[ɔ 'fʉskə]
insistere (vi)	å insistere	[ɔ insi'sterə]
insultare (vt)	å fornærme	[ɔ fɔ:'ŋærmə]
interessarsi di ...	å interessere seg	[ɔ intərə'serə sæj]
invitare (vt)	å innby, å invitere	[ɔ 'inby], [ɔ invi'terə]
lamentarsi (vr)	å klage	[ɔ 'klagə]
lasciar cadere	å tappe	[ɔ 'tapə]
lavorare (vi)	å arbeide	[ɔ 'ar‚bæjdə]
leggere (vi, vt)	å lese	[ɔ 'lesə]
liberare (vt)	å befri	[ɔ be'fri]

15. I verbi più importanti. Parte 3

mancare le lezioni	å skulke	[ɔ 'skʉlkə]
mandare (vt)	å sende	[ɔ 'sɛnə]
menzionare (vt)	å omtale, å nevne	[ɔ 'ɔm‚talə], [ɔ 'nɛvnə]
minacciare (vt)	å true	[ɔ 'trʉə]

mostrare (vt)	à vise	[ɔ 'visə]
nascondere (vt)	à gjemme	[ɔ 'jɛmə]
nuotare (vi)	à svømme	[ɔ 'svœmə]
obiettare (vt)	à innvende	[ɔ 'in‚vɛnə]
occorrere (vimp)	à være behøv	[ɔ 'værə bə'høv]
ordinare (~ il pranzo)	à bestille	[ɔ be'stilə]
ordinare (mil.)	à beordre	[ɔ be'ɔrdrə]
osservare (vt)	à observere	[ɔ ɔbsɛr'verə]
pagare (vi, vt)	à betale	[ɔ be'talə]
parlare (vi, vt)	à tale	[ɔ 'talə]
partecipare (vi)	à delta	[ɔ 'dɛlta]
pensare (vi, vt)	à tenke	[ɔ 'tɛnkə]
perdonare (vt)	à tilgi	[ɔ 'til‚ji]
permettere (vt)	à tillate	[ɔ 'ti‚latə]
piacere (vi)	à like	[ɔ 'likə]
piangere (vi)	à gråte	[ɔ 'gro:tə]
pianificare (vt)	à planlegge	[ɔ 'plan‚legə]
possedere (vt)	à besidde, à eie	[ɔ bɛ'sidə], [ɔ 'æje]
potere (v aus)	à kunne	[ɔ 'kʉnə]
pranzare (vi)	à spise lunsj	[ɔ 'spisə ‚lʉnʂ]
preferire (vt)	à foretrekke	[ɔ 'forə‚trɛkə]
pregare (vi, vt)	à be	[ɔ 'be]
prendere (vt)	à ta	[ɔ 'ta]
prevedere (vt)	à forutse	[ɔ 'forʉt‚sə]
promettere (vt)	à love	[ɔ 'lovə]
pronunciare (vt)	à uttale	[ɔ 'ʉt‚talə]
proporre (vt)	à foreslå	[ɔ 'forə‚ʂlɔ]
punire (vt)	à straffe	[ɔ 'strafə]
raccomandare (vt)	à anbefale	[ɔ 'anbe‚falə]
ridere (vi)	à le, à skratte	[ɔ 'le], [ɔ 'skratə]
rifiutarsi (vr)	à vegre seg	[ɔ 'vɛgrə sæj]
rincrescere (vi)	à beklage	[ɔ be'klagə]
ripetere (ridire)	à gjenta	[ɔ 'jɛnta]
riservare (vt)	à reservere	[ɔ resɛr'verə]
rispondere (vi, vt)	à svare	[ɔ 'svarə]
rompere (spaccare)	à bryte	[ɔ 'brytə]
rubare (~ i soldi)	à stjele	[ɔ 'stjelə]

16. I verbi più importanti. Parte 4

salvare (~ la vita a qn)	à redde	[ɔ 'rɛdə]
sapere (vt)	à vite	[ɔ 'vitə]
sbagliare (vi)	à gjøre feil	[ɔ 'jørə ‚fæjl]
scavare (vt)	à grave	[ɔ 'gravə]
scegliere (vt)	à velge	[ɔ 'vɛlgə]
scendere (vi)	à gå ned	[ɔ 'go ne]
scherzare (vi)	à spøke	[ɔ 'spøkə]

scrivere (vt)	à skrive	[ɔ 'skrivə]
scusare (vt)	à unnskylde	[ɔ 'ʉnˌsylə]
scusarsi (vr)	à unnskylde seg	[ɔ 'ʉnˌsylə sæj]

sedersi (vr)	à sette seg	[ɔ 'sɛtə sæj]
seguire (vt)	à følge etter ...	[ɔ 'følə 'ɛtər ...]
sgridare (vt)	à skjelle	[ɔ 'ʂɛ:lə]
significare (vt)	à bety	[ɔ 'bety]
sorridere (vi)	à smile	[ɔ 'smilə]

sottovalutare (vt)	à undervurdere	[ɔ 'ʉnərvʉːˌɖerə]
sparare (vi)	à skyte	[ɔ 'ʂytə]
sperare (vi, vt)	à håpe	[ɔ 'hoːpə]
spiegare (vt)	à forklare	[ɔ fɔr'klɑrə]
studiare (vt)	à studere	[ɔ stʉ'derə]

stupirsi (vr)	à bli forundret	[ɔ 'bli fɔ'rʉndrət]
tacere (vi)	à tie	[ɔ 'tie]
tentare (vt)	à prøve	[ɔ 'prøvə]
toccare (~ con le mani)	à røre	[ɔ 'rørə]
tradurre (vt)	à oversette	[ɔ 'ɔvəˌsɛtə]

trovare (vt)	à finne	[ɔ 'finə]
uccidere (vt)	à døde, à myrde	[ɔ 'dødə], [ɔ 'myːɖə]
udire (percepire suoni)	à høre	[ɔ 'hørə]
unire (vt)	à forene	[ɔ fɔ'renə]
uscire (vi)	à gå ut	[ɔ 'gɔ ʉt]

vantarsi (vr)	à prale	[ɔ 'prɑlə]
vedere (vt)	à se	[ɔ 'se]
vendere (vt)	à selge	[ɔ 'sɛlə]
volare (vi)	à fly	[ɔ 'fly]
volere (desiderare)	à ville	[ɔ 'vilə]

ORARIO. CALENDARIO

17. Giorni della settimana

lunedì (m)	mandag (m)	['man͵da]
martedì (m)	tirsdag (m)	['tiʂ͵da]
mercoledì (m)	onsdag (m)	['ʊns͵da]
giovedì (m)	torsdag (m)	['tɔʂ͵da]
venerdì (m)	fredag (m)	['frɛ͵da]
sabato (m)	lørdag (m)	['lør͵da]
domenica (f)	søndag (m)	['søn͵da]

oggi (avv)	i dag	[i 'da]
domani	i morgen	[i 'mɔːən]
dopodomani	i overmorgen	[i 'ɔvər͵mɔːən]
ieri (avv)	i går	[i 'gɔr]
l'altro ieri	i forgårs	[i 'fɔr͵gɔʂ]

giorno (m)	dag (m)	['da]
giorno (m) lavorativo	arbeidsdag (m)	['arbæjds͵da]
giorno (m) festivo	festdag (m)	['fɛst͵da]
giorno (m) di riposo	fridag (m)	['fri͵da]
fine (m) settimana	ukeslutt (m), helg (f)	['ʉkə͵slʉt], ['hɛlg]

tutto il giorno	hele dagen	['helə 'dagən]
l'indomani	neste dag	['nɛstə ͵da]
due giorni fa	for to dager siden	[fɔr tʊ 'dager ͵sidən]
il giorno prima	dagen før	['dagən 'før]
quotidiano (agg)	daglig	['dagli]
ogni giorno	hver dag	['vɛr da]

settimana (f)	uke (m/f)	['ʉkə]
la settimana scorsa	siste uke	['sistə 'ʉkə]
la settimana prossima	i neste uke	[i 'nɛstə 'ʉkə]
settimanale (agg)	ukentlig	['ʉkəntli]
ogni settimana	hver uke	['vɛr 'ʉkə]
due volte alla settimana	to ganger per uke	['tʊ 'ganər per 'ʉkə]
ogni martedì	hver tirsdag	['vɛr 'tiʂda]

18. Ore. Giorno e notte

mattina (f)	morgen (m)	['mɔːən]
di mattina	om morgenen	[ɔm 'mɔːenən]
mezzogiorno (m)	middag (m)	['mi͵da]
nel pomeriggio	om ettermiddagen	[ɔm 'ɛtər͵midagən]

sera (f)	kveld (m)	['kvɛl]
di sera	om kvelden	[ɔm 'kvɛlən]

notte (f)	natt (m/f)	['nat]
di notte	om natta	[ɔm 'nata]
mezzanotte (f)	midnatt (m/f)	['mid,nat]

secondo (m)	sekund (m/n)	[se'kʉn]
minuto (m)	minutt (n)	[mi'nʉt]
ora (f)	time (m)	['timə]
mezzora (f)	halvtime (m)	['hal,timə]
un quarto d'ora	kvarter (n)	[kvɑːʈer]
quindici minuti	femten minutter	['fɛmtən mi'nʉter]
ventiquattro ore	døgn (n)	['døjn]

levata (f) del sole	soloppgang (m)	['sʉlɔp,gɑŋ]
alba (f)	daggry (n)	['dag,gry]
mattutino (m)	tidlig morgen (m)	['tili 'mɔːən]
tramonto (m)	solnedgang (m)	['sʉlned,gɑŋ]

di buon mattino	tidlig om morgenen	['tili ɔm 'mɔːenən]
stamattina	i morges	[i 'mɔrəs]
domattina	i morgen tidlig	[i 'mɔːən 'tili]

oggi pomeriggio	i formiddag	[i 'fɔrmi,da]
nel pomeriggio	om ettermiddagen	[ɔm 'ɛter,midagən]
domani pomeriggio	i morgen ettermiddag	[i 'mɔːən 'ɛter,mida]

stasera	i kveld	[i 'kvɛl]
domani sera	i morgen kveld	[i 'mɔːən ,kvɛl]

alle tre precise	presis klokka tre	[prɛ'sis 'klɔka tre]
verso le quattro	ved fire-tiden	[ve 'fire ,tidən]
per le dodici	innen klokken tolv	['inən 'klɔkən tɔl]

fra venti minuti	om tjue minutter	[ɔm 'çʉe mi'nʉter]
fra un'ora	om en time	[ɔm en 'timə]
puntualmente	i tide	[i 'tidə]

un quarto di …	kvart på …	['kvɑːʈ pɔ …]
entro un'ora	innen en time	['inən en 'timə]
ogni quindici minuti	hvert kvarter	['vɛːʈ kvɑ'ʈer]
giorno e notte	døgnet rundt	['døjne ,rʉnt]

19. Mesi. Stagioni

gennaio (m)	januar (m)	['janʉ,ar]
febbraio (m)	februar (m)	['febrʉ,ar]
marzo (m)	mars (m)	['maʂ]
aprile (m)	april (m)	[a'pril]
maggio (m)	mai (m)	['maj]
giugno (m)	juni (m)	['jʉni]

luglio (m)	juli (m)	['jʉli]
agosto (m)	august (m)	[aʉ'gʉst]
settembre (m)	september (m)	[sep'tɛmbər]
ottobre (m)	oktober (m)	[ɔk'tʉbər]

novembre (m)	november (m)	[nʊ'vɛmbər]
dicembre (m)	desember (m)	[de'sɛmbər]
primavera (f)	vår (m)	['vɔːr]
in primavera	om våren	[ɔm 'voːrən]
primaverile (agg)	vår-, vårlig	['vɔːr-], ['vɔːɽi]
estate (f)	sommer (m)	['sɔmər]
in estate	om sommeren	[ɔm 'sɔmerən]
estivo (agg)	sommer-	['sɔmər-]
autunno (m)	høst (m)	['høst]
in autunno	om høsten	[ɔm 'høstən]
autunnale (agg)	høst-, høstlig	['høst-], ['høstli]
inverno (m)	vinter (m)	['vintər]
in inverno	om vinteren	[ɔm 'vinterən]
invernale (agg)	vinter-	['vintər-]
mese (m)	måned (m)	['moːnət]
questo mese	denne måneden	['dɛnə 'moːnedən]
il mese prossimo	neste måned	['nɛstə 'moːnət]
il mese scorso	forrige måned	['foriə ˌmoːnət]
un mese fa	for en måned siden	[fɔr en 'moːnət ˌsidən]
fra un mese	om en måned	[ɔm en 'moːnət]
fra due mesi	om to måneder	[ɔm 'tʊ 'moːnedər]
un mese intero	en hel måned	[en 'hel 'moːnət]
per tutto il mese	hele måned	['helə 'moːnət]
mensile (rivista ~)	månedlig	['moːnədli]
mensilmente	månedligt	['moːnedlət]
ogni mese	hver måned	[ˌvɛr 'moːnət]
due volte al mese	to ganger per måned	['tʊ 'gaŋər per 'moːnət]
anno (m)	år (n)	['ɔr]
quest'anno	i år	[i 'oːr]
l'anno prossimo	neste år	['nɛstə ˌoːr]
l'anno scorso	i fjor	[i 'fjor]
un anno fa	for et år siden	[fɔr et 'oːr ˌsidən]
fra un anno	om et år	[ɔm et 'oːr]
fra due anni	om to år	[ɔm 'tʊ 'oːr]
un anno intero	hele året	['helə 'oːre]
per tutto l'anno	hele året	['helə 'oːre]
ogni anno	hvert år	['vɛːʈ 'oːr]
annuale (agg)	årlig	['oːɽi]
annualmente	årlig, hvert år	['oːɽi], ['vɛːʈ 'ɔr]
quattro volte all'anno	fire ganger per år	['fire 'gaŋər per 'oːr]
data (f) (~ di oggi)	dato (m)	['datʊ]
data (f) (~ di nascita)	dato (m)	['datʊ]
calendario (m)	kalender (m)	[ka'lendər]
mezz'anno (m)	halvår (n)	['halˌoːr]
semestre (m)	halvår (n)	['halˌoːr]

stagione (f) (estate, ecc.)	**årstid** (m/f)	['oːʂˌtid]
secolo (m)	**århundre** (n)	['ɔrˌhʉndrə]

VIAGGIO. HOTEL

20. Escursione. Viaggio

turismo (m)	turisme (m)	[tʉ'rismə]
turista (m)	turist (m)	[tʉ'rist]
viaggio (m) (all'estero)	reise (m/f)	['ræjsə]
avventura (f)	eventyr (n)	['ɛvenˌtyr]
viaggio (m) (corto)	tripp (m)	['trip]
vacanza (f)	ferie (m)	['fɛriə]
essere in vacanza	å være på ferie	[ɔ 'værə pɔ 'fɛriə]
riposo (m)	hvile (m/f)	['vilə]
treno (m)	tog (n)	['tɔg]
in treno	med tog	[me 'tɔg]
aereo (m)	fly (n)	['fly]
in aereo	med fly	[me 'fly]
in macchina	med bil	[me 'bil]
in nave	med skip	[me 'şip]
bagaglio (m)	bagasje (m)	[ba'gaşə]
valigia (f)	koffert (m)	['kʊfɛ:t]
carrello (m)	bagasjetralle (m/f)	[ba'gaşəˌtralə]
passaporto (m)	pass (n)	['pɑs]
visto (m)	visum (n)	['visʉm]
biglietto (m)	billett (m)	[bi'let]
biglietto (m) aereo	flybillett (m)	['fly bi'let]
guida (f)	reisehåndbok (m/f)	['ræjsəˌhɔnbʊk]
carta (f) geografica	kart (n)	['kɑ:t]
località (f)	område (n)	['ɔmˌro:də]
luogo (m)	sted (n)	['sted]
esotico (agg)	eksotisk	[ɛk'sʉtisk]
sorprendente (agg)	forunderlig	[fɔ'rʉnde:[i]
gruppo (m)	gruppe (m)	['grʉpə]
escursione (f)	utflukt (m/f)	['ʉtˌflʉkt]
guida (f) (cicerone)	guide (m)	['gɑjd]

21. Hotel

albergo (m)	hotell (n)	[hʊ'tɛl]
motel (m)	motell (n)	[mʊ'tɛl]
tre stelle	trestjernet	['treˌstjæ:ŋə]
cinque stelle	femstjernet	['fɛmˌstjæ:ŋə]

alloggiare (vi)	å bo	[ɔ 'buː]
camera (f)	rom (n)	['rʊm]
camera (f) singola	enkeltrom (n)	['ɛnkelt,rʊm]
camera (f) doppia	dobbeltrom (n)	['dɔbəlt,rʊm]
prenotare una camera	å reservere rom	[ɔ resɛr'verə 'rʊm]

mezza pensione (f)	halvpensjon (m)	['hal pan,ʂʊn]
pensione (f) completa	fullpensjon (m)	['fʉl pan,ʂʊn]

con bagno	med badekar	[me 'badə,kar]
con doccia	med dusj	[me 'dʉʂ]
televisione (f) satellitare	satellitt-TV (m)	[satɛ'lit 'tɛvɛ]
condizionatore (m)	klimaanlegg (n)	['klima'an,leg]
asciugamano (m)	håndkle (n)	['hɔn,kle]
chiave (f)	nøkkel (m)	['nøkəl]

amministratore (m)	administrator (m)	[admini'straːtʊr]
cameriera (f)	stuepike (m/f)	['stʉə,pikə]
portabagagli (m)	pikkolo (m)	['pikɔlɔ]
portiere (m)	portier (m)	[pɔː'tje]

ristorante (m)	restaurant (m)	[rɛstʊ'raŋ]
bar (m)	bar (m)	['bar]
colazione (f)	frokost (m)	['frʊkɔst]
cena (f)	middag (m)	['mi,da]
buffet (m)	buffet (m)	[bʉ'fɛ]

hall (f) (atrio d'ingresso)	hall, lobby (m)	['hal], ['lɔbi]
ascensore (m)	heis (m)	['hæjs]

NON DISTURBARE	VENNLIGST IKKE FORSTYRR!	['vɛnligt ikə fo'ʂtyr]
VIETATO FUMARE!	RØYKING FORBUDT	['røjkiŋ for'bʉt]

22. Visita turistica

monumento (m)	monument (n)	[mɔnʉ'mɛnt]
fortezza (f)	festning (m/f)	['fɛstniŋ]
palazzo (m)	palass (n)	[pa'las]
castello (m)	borg (m)	['bɔrg]
torre (f)	tårn (n)	['tɔːɳ]
mausoleo (m)	mausoleum (n)	[maʊsʊ'leum]

architettura (f)	arkitektur (m)	[arkitɛk'tʉr]
medievale (agg)	middelalderlig	['midəl,aldɛːli]
antico (agg)	gammel	['gaməl]
nazionale (agg)	nasjonal	[naʂʊ'nal]
famoso (agg)	kjent	['çɛnt]

turista (m)	turist (m)	[tʉ'rist]
guida (f)	guide (m)	['gajd]
escursione (f)	utflukt (m/f)	['ʉt,flʊkt]
fare vedere	å vise	[ɔ 'visə]
raccontare (vt)	å fortelle	[ɔ fɔː'tɛlə]

trovare (vt)	å finne	[ɔ 'finə]
perdersi (vr)	å gå seg bort	[ɔ 'gɔ sæj 'bʊːt]
mappa (f) (~ della metropolitana)	kart, linjekart (n)	['kɑːt], ['linjə'kɑːt]
piantina (f) (~ della città)	kart (n)	['kɑːt]

souvenir (m)	suvenir (m)	[sʉve'nir]
negozio (m) di articoli da regalo	suvenirbutikk (m)	[sʉve'nir bʉ'tik]
fare foto	å fotografere	[ɔ fɔtɔgrɑ'ferə]
fotografarsi	å bli fotografert	[ɔ 'bli fɔtɔgrɑ'fɛːt]

MEZZI DI TRASPORTO

23. Aeroporto

aeroporto (m)	flyplass (m)	['fly,plɑs]
aereo (m)	fly (n)	['fly]
compagnia (f) aerea	flyselskap (n)	['flysəl,skɑp]
controllore (m) di volo	flygeleder (m)	['flygə,ledər]

partenza (f)	avgang (m)	['ɑv,gɑŋ]
arrivo (m)	ankomst (m)	['ɑn,kɔmst]
arrivare (vi)	å ankomme	[ɔ 'ɑn,kɔmə]

ora (f) di partenza	avgangstid (m/f)	['ɑvgɑŋs,tid]
ora (f) di arrivo	ankomsttid (m/f)	[ɑn'kɔms,tid]

essere ritardato	å bli forsinket	[ɔ 'bli fɔ'ʂinkət]
volo (m) ritardato	avgangsforsinkelse (m)	['ɑvgɑŋs fɔ'ʂinkəlsə]

tabellone (m) orari	informasjonstavle (m/f)	[infɔrmɑ'ʂʉns ,tɑvlə]
informazione (f)	informasjon (m)	[infɔrmɑ'ʂʉn]
annunciare (vt)	å meddele	[ɔ 'mɛd,delə]
volo (m)	fly (n)	['fly]

dogana (f)	toll (m)	['tɔl]
doganiere (m)	tollbetjent (m)	['tɔlbe,tjɛnt]

dichiarazione (f)	tolldeklarasjon (m)	['tɔldɛklɑrɑ'ʂʉn]
riempire	å utfylle	[ɔ 'ʉt,fylə]
(~ una dichiarazione)		
riempire una dichiarazione	å utfylle en tolldeklarasjon	[ɔ 'ʉt,fylə en 'tɔldɛklɑrɑ,ʂʉn]
controllo (m) passaporti	passkontroll (m)	['pɑskʉn,trɔl]

bagaglio (m)	bagasje (m)	[bɑ'gɑʂə]
bagaglio (m) a mano	håndbagasje (m)	['hɔn,bɑ'gɑʂə]
carrello (m)	bagasjetralle (m/f)	[bɑ'gɑʂə,trɑlə]

atterraggio (m)	landing (m)	['lɑniŋ]
pista (f) di atterraggio	landingsbane (m)	['lɑniŋs,bɑnə]
atterrare (vi)	å lande	[ɔ 'lɑnə]
scaletta (f) dell'aereo	trapp (m/f)	['trɑp]

check-in (m)	innsjekking (m/f)	['in,ʂɛkiŋ]
banco (m) del check-in	innsjekkingsskranke (m)	['in,ʂɛkiŋs ,skrɑnkə]
fare il check-in	å sjekke inn	[ɔ 'ʂɛkə in]
carta (f) d'imbarco	boardingkort (n)	['bɔ:diŋ,kɔ:t]
porta (f) d'imbarco	gate (m/f)	['gejt]

transito (m)	transitt (m)	[trɑn'sit]
aspettare (vt)	å vente	[ɔ 'vɛntə]

sala (f) d'attesa	ventehall (m)	['vɛntə,hɑl]
accompagnare (vt)	å ta avskjed	[ɔ 'ta 'af,sɛd]
congedarsi (vr)	å si farvel	[ɔ 'si far'vɛl]

24. Aeroplano

aereo (m)	fly (n)	['fly]
biglietto (m) aereo	flybillett (m)	['fly bi'let]
compagnia (f) aerea	flyselskap (n)	['flysəl,skɑp]
aeroporto (m)	flyplass (m)	['fly,plɑs]
supersonico (agg)	overlyds-	['ɔvə,lyds-]

comandante (m)	kaptein (m)	[kɑp'tæjn]
equipaggio (m)	besetning (m/f)	[be'sɛtniŋ]
pilota (m)	pilot (m)	[pi'lɔt]
hostess (f)	flyvertinne (m/f)	[flyvɛ:'ʈinə]
navigatore (m)	styrmann (m)	['styr,mɑn]

ali (f pl)	vinger (m pl)	['viŋər]
coda (f)	hale (m)	['halə]
cabina (f)	cockpit, førerkabin (m)	['kɔkpit], ['førərkɑ,bin]
motore (m)	motor (m)	['mɔtʊr]

carrello (m) d'atterraggio	landingshjul (n)	['lɑniŋs,jʉl]
turbina (f)	turbin (m)	[tʉr'bin]

elica (f)	propell (m)	[prʊ'pɛl]
scatola (f) nera	svart boks (m)	['svɑ:ʈ bɔks]

barra (f) di comando	ratt (n)	['rɑt]
combustibile (m)	brensel (n)	['brɛnsəl]

safety card (f)	sikkerhetsbrosjyre (m)	['sikərhɛts,brʊ'syrə]
maschera (f) ad ossigeno	oksygenmaske (m/f)	['ɔksygən,mɑskə]
uniforme (f)	uniform (m)	[ʉni'fɔrm]

giubbotto (m) di salvataggio	redningsvest (m)	['rɛdniŋs,vɛst]
paracadute (m)	fallskjerm (m)	['fɑl,særm]

decollo (m)	start (m)	['stɑ:ʈ]
decollare (vi)	å løfte	[ɔ 'lœftə]
pista (f) di decollo	startbane (m)	['stɑ:ʈ,banə]

visibilità (f)	siktbarhet (m)	['siktbar,het]
volo (m)	flyging (m/f)	['flygiŋ]

altitudine (f)	høyde (m)	['højdə]
vuoto (m) d'aria	lufthull (n)	['lʉft,hʉl]

posto (m)	plass (m)	['plɑs]
cuffia (f)	hodetelefoner (n pl)	['hodətelə,fʉnər]
tavolinetto (m) pieghevole	klappbord (n)	['klɑp,bʊr]
oblò (m), finestrino (m)	vindu (n)	['vindʉ]
corridoio (m)	midtgang (m)	['mit,gɑŋ]

25. Treno

treno (m)	tog (n)	['tɔg]
elettrotreno (m)	lokaltog (n)	[lɔ'kal‚tɔg]
treno (m) rapido	ekspresstog (n)	[ɛks'prɛs‚tɔg]
locomotiva (f) diesel	diesellokomotiv (n)	['disəl lʊkɔmɔ'tiv]
locomotiva (f) a vapore	damplokomotiv (n)	['damp lʊkɔmɔ'tiv]

| carrozza (f) | vogn (m) | ['vɔŋn] |
| vagone (m) ristorante | restaurantvogn (m/f) | [rɛstʊ'raŋ‚vɔŋn] |

rotaie (f pl)	skinner (m/f pl)	['ʂinər]
ferrovia (f)	jernbane (m)	['jæːn‚banə]
traversa (f)	sville (m/f)	['svilə]

banchina (f) (~ ferroviaria)	perrong, plattform (m/f)	[pɛ'rɔŋ], ['platfɔrm]
binario (m) (~ 1, 2)	spor (n)	['spʊr]
semaforo (m)	semafor (m)	[sema'fʊr]
stazione (f)	stasjon (m)	[sta'ʂʊn]

macchinista (m)	lokfører (m)	['lʊk‚førər]
portabagagli (m)	bærer (m)	['bærər]
cuccettista (m, f)	betjent (m)	['be'tjɛnt]
passeggero (m)	passasjer (m)	[pasa'ʂɛr]
controllore (m)	billett inspektør (m)	[bi'let inspɛk'tør]

| corridoio (m) | korridor (m) | [kʊri'dɔr] |
| freno (m) di emergenza | nødbrems (m) | ['nød‚brɛms] |

scompartimento (m)	kupé (m)	[kʉ'pe]
cuccetta (f)	køye (m/f)	['køjə]
cuccetta (f) superiore	overkøye (m/f)	['ɔver‚køjə]
cuccetta (f) inferiore	underkøye (m/f)	['ʉnər‚køjə]
biancheria (f) da letto	sengetøy (n)	['sɛŋə‚tøj]

biglietto (m)	billett (m)	[bi'let]
orario (m)	rutetabell (m)	['rʉtə‚ta'bɛl]
tabellone (m) orari	informasjonstavle (m/f)	[informa'ʂʉns ‚tavlə]

| partire (vi) | å avgå | [ɔ 'avgɔ] |
| partenza (f) | avgang (m) | ['av‚gaŋ] |

| arrivare (di un treno) | å ankomme | [ɔ 'an‚kɔmə] |
| arrivo (m) | ankomst (m) | ['an‚kɔmst] |

arrivare con il treno	å ankomme med toget	[ɔ 'an‚kɔmə me 'tɔgə]
salire sul treno	å gå på toget	[ɔ 'gɔ pɔ 'tɔgə]
scendere dal treno	å gå av toget	[ɔ 'gɔ a: 'tɔgə]

deragliamento (m)	togulykke (m/n)	['tɔg ʉ'lʏkə]
deragliare (vi)	å spore av	[ɔ 'spʊrə a:]
locomotiva (f) a vapore	damplokomotiv (n)	['damp lʊkɔmɔ'tiv]
fuochista (m)	fyrbøter (m)	['fyr‚bøtər]
forno (m)	fyrrom (n)	['fyr‚rʊm]
carbone (m)	kull (n)	['kʉl]

35

26. Nave

nave (f)	skip (n)	['şip]
imbarcazione (f)	fartøy (n)	['fɑːˌtøj]
piroscafo (m)	dampskip (n)	['damp‚şip]
barca (f) fluviale	elvebåt (m)	['ɛlvəˌbot]
transatlantico (m)	cruiseskip (n)	['krʉsˌşip]
incrociatore (m)	krysser (m)	['krʏsər]
yacht (m)	jakt (m/f)	['jakt]
rimorchiatore (m)	bukserbåt (m)	[bʉk'serˌbot]
chiatta (f)	lastepram (m)	['lɑstəˌprɑm]
traghetto (m)	ferje, ferge (m/f)	['færjə], ['færgə]
veliero (m)	seilbåt (n)	['sæjlˌbot]
brigantino (m)	brigantin (m)	[brigɑn'tin]
rompighiaccio (m)	isbryter (m)	['isˌbrytər]
sottomarino (m)	ubåt (m)	['ʉːˌbot]
barca (f)	båt (m)	['bot]
scialuppa (f)	jolle (m/f)	['jolə]
scialuppa (f) di salvataggio	livbåt (m)	['livˌbot]
motoscafo (m)	motorbåt (m)	['motʉrˌbot]
capitano (m)	kaptein (m)	[kɑp'tæjn]
marittimo (m)	matros (m)	[mɑ'trʊs]
marinaio (m)	sjømann (m)	['şøˌmɑn]
equipaggio (m)	besetning (m/f)	[be'sɛtniŋ]
nostromo (m)	båtsmann (m)	['bosˌmɑn]
mozzo (m) di nave	skipsgutt, jungmann (m)	['şipsˌgʉt], ['jʉŋˌmɑn]
cuoco (m)	kokk (m)	['kʊk]
medico (m) di bordo	skipslege (m)	['şipsˌlegə]
ponte (m)	dekk (n)	['dɛk]
albero (m)	mast (m/f)	['mɑst]
vela (f)	seil (n)	['sæjl]
stiva (f)	lasterom (n)	['lɑstəˌrʊm]
prua (f)	baug (m)	['bæu]
poppa (f)	akterende (m)	['ɑktəˌrɛnə]
remo (f)	åre (m)	['oːrə]
elica (f)	propell (m)	[prʊ'pɛl]
cabina (f)	hytte (m)	['hʏtə]
quadrato (m) degli ufficiali	offisersmesse (m/f)	[ɔfi'sɛrsˌmɛsə]
sala (f) macchine	maskinrom (n)	[mɑ'şinˌrʊm]
ponte (m) di comando	kommandobro (m/f)	[kɔ'mɑndʉˌbrʊ]
cabina (f) radiotelegrafica	radiorom (m)	['rɑdiʉˌrʊm]
onda (f)	bølge (m)	['bølgə]
giornale (m) di bordo	loggbok (m/f)	['lɔgˌbʊk]
cannocchiale (m)	langkikkert (m)	['lɑŋˌkikeːt]
campana (f)	klokke (m/f)	['klɔkə]

bandiera (f)	flagg (n)	['flɑg]
cavo (m) (~ d'ormeggio)	trosse (m/f)	['trʊsə]
nodo (m)	knute (m)	['knʉtə]
ringhiera (f)	rekkverk (n)	['rɛk,værk]
passerella (f)	landgang (m)	['lan,gaŋ]
ancora (f)	anker (n)	['ankər]
levare l'ancora	å lette anker	[ɔ 'letə 'ankər]
gettare l'ancora	å kaste anker	[ɔ 'kastə 'ankər]
catena (f) dell'ancora	ankerkjetting (m)	['ankər,çɛtiŋ]
porto (m)	havn (m/f)	['havn]
banchina (f)	kai (m/f)	['kaj]
ormeggiarsi (vr)	å fortøye	[ɔ fɔ:'ʈøjə]
salpare (vi)	å kaste loss	[ɔ 'kastə lɔs]
viaggio (m)	reise (m/f)	['ræjsə]
crociera (f)	cruise (n)	['krʉs]
rotta (f)	kurs (m)	['kʉʂ]
itinerario (m)	rute (m/f)	['rʉtə]
tratto (m) navigabile	seilrende (m)	['sæjl,rɛnə]
secca (f)	grunne (m/f)	['grʉnə]
arenarsi (vr)	å gå på grunn	[ɔ 'gɔ pɔ 'grʉn]
tempesta (f)	storm (m)	['stɔrm]
segnale (m)	signal (n)	[siŋ'nɑl]
affondare (andare a fondo)	å synke	[ɔ 'sʏnkə]
Uomo in mare!	Mann over bord!	['man ,ɔvər 'bʊr]
SOS	SOS (n)	[ɛsʊ'ɛs]
salvagente (m) anulare	livbøye (m/f)	['liv,bøjə]

CITTÀ

27. Mezzi pubblici in città

autobus (m)	buss (m)	['bʉs]
tram (m)	trikk (m)	['trik]
filobus (m)	trolleybuss (m)	['trɔli,bʉs]
itinerario (m)	rute (m/f)	['rʉtə]
numero (m)	nummer (n)	['nʉmər]
andare in ...	å kjøre med ...	[ɔ 'çœ:rə me ...]
salire (~ sull'autobus)	å gå på ...	[ɔ 'gɔ pɔ ...]
scendere da ...	å gå av ...	[ɔ 'gɔ ɑ: ...]
fermata (f) (~ dell'autobus)	holdeplass (m)	['hɔlə,plɑs]
prossima fermata (f)	neste holdeplass (m)	['nɛstə 'hɔlə,plɑs]
capolinea (m)	endestasjon (m)	['ɛnə,stɑ'ʂʉn]
orario (m)	rutetabell (m)	['rʉtə,tɑ'bɛl]
aspettare (vt)	å vente	[ɔ 'vɛntə]
biglietto (m)	billett (m)	[bi'let]
prezzo (m) del biglietto	billettpris (m)	[bi'let,pris]
cassiere (m)	kasserer (m)	[kɑ'serər]
controllo (m) dei biglietti	billettkontroll (m)	[bi'let kʉn,trɔl]
bigliettaio (m)	billett inspektør (m)	[bi'let inspɛk'tør]
essere in ritardo	å komme for sent	[ɔ 'kɔmə fɔ'ʂɛnt]
perdere (~ il treno)	å komme for sent til ...	[ɔ 'kɔmə fɔ'ʂɛnt til ...]
avere fretta	å skynde seg	[ɔ 'ʂynə sæj]
taxi (m)	drosje (m/f), taxi (m)	['drɔʂɛ], ['tɑksi]
taxista (m)	taxisjåfør (m)	['tɑksi ʂo'før]
in taxi	med taxi	[me 'tɑksi]
parcheggio (m) di taxi	taxiholdeplass (m)	['tɑksi 'hɔlə,plɑs]
chiamare un taxi	å taxi bestellen	[ɔ 'tɑksi be'stɛlən]
prendere un taxi	å ta taxi	[ɔ 'tɑ ,tɑksi]
traffico (m)	trafikk (m)	[trɑ'fik]
ingorgo (m)	trafikkork (m)	[trɑ'fik,kɔrk]
ore (f pl) di punta	rushtid (m/f)	['rʉʂ,tid]
parcheggiarsi (vr)	å parkere	[ɔ pɑr'kerə]
parcheggiare (vt)	å parkere	[ɔ pɑr'kerə]
parcheggio (m)	parkeringsplass (m)	[pɑr'keriŋs,plɑs]
metropolitana (f)	tunnelbane, T-bane (m)	['tʉnəl,banə], ['tɛ:,banə]
stazione (f)	stasjon (m)	[stɑ'ʂʉn]
prendere la metropolitana	å kjøre med T-bane	[ɔ 'çœ:rə me 'tɛ:,banə]
treno (m)	tog (n)	['tɔg]
stazione (f) ferroviaria	togstasjon (m)	['tɔg,stɑ'ʂʉn]

28. Città. Vita di città

città (f)	by (m)	['by]
capitale (f)	hovedstad (m)	['hʊvəd̩stad]
villaggio (m)	landsby (m)	['lans̩by]
mappa (f) della città	bykart (n)	['by̩kɑːt]
centro (m) della città	sentrum (n)	['sɛntrum]
sobborgo (m)	forstad (m)	['fɔ̩stad]
suburbano (agg)	forstads-	['fɔ̩stads-]
periferia (f)	utkant (m)	['ʉt̩kant]
dintorni (m pl)	omegner (m pl)	['ɔm̩æjnər]
isolato (m)	kvarter (n)	[kvaːter]
quartiere residenziale	boligkvarter (n)	['bʊli̩kvaːter]
traffico (m)	trafikk (m)	[trɑ'fik]
semaforo (m)	trafikklys (n)	[trɑ'fik̩lys]
trasporti (m pl) urbani	offentlig transport (m)	['ɔfentli trans'pɔːt]
incrocio (m)	veikryss (n)	['væjkrʏs]
passaggio (m) pedonale	fotgjengerovergang (m)	['fʊtjɛŋər 'ɔver̩gɑŋ]
sottopassaggio (m)	undergang (m)	['ʉnər̩gɑŋ]
attraversare (vt)	å gå over	[ɔ 'gɔ 'ɔver]
pedone (m)	fotgjenger (m)	['fʊtjɛŋər]
marciapiede (m)	fortau (n)	['fɔː̩taʉ]
ponte (m)	bro (m/f)	['brʊ]
banchina (f)	kai (m/f)	['kɑj]
fontana (f)	fontene (m)	['fʊntnə]
vialetto (m)	allé (m)	[ɑ'leː]
parco (m)	park (m)	['park]
boulevard (m)	bulevard (m)	[bule'var]
piazza (f)	torg (n)	['tɔr]
viale (m), corso (m)	aveny (m)	[ave'ny]
via (f), strada (f)	gate (m/f)	['gatə]
vicolo (m)	sidegate (m/f)	['side̩gatə]
vicolo (m) cieco	blindgate (m/f)	['blin̩gatə]
casa (f)	hus (n)	['hʉs]
edificio (m)	bygning (m/f)	['bʏgniŋ]
grattacielo (m)	skyskraper (m)	['ʂy̩skrapər]
facciata (f)	fasade (m)	[fɑ'sadə]
tetto (m)	tak (n)	['tak]
finestra (f)	vindu (n)	['vindʉ]
arco (m)	bue (m)	['bʉːə]
colonna (f)	søyle (m)	['søjlə]
angolo (m)	hjørne (n)	['jœːn̩ə]
vetrina (f)	utstillingsvindu (n)	['ʉt̩stiliŋs 'vindʉ]
insegna (f) (di negozi, ecc.)	skilt (n)	['ʂilt]
cartellone (m)	plakat (m)	[plɑ'kat]
cartellone (m) pubblicitario	reklameplakat (m)	[rɛ'klamə̩plɑ'kat]

tabellone (m) pubblicitario	reklametavle (m/f)	[rɛ'klamə̩tavlə]
pattume (m), spazzatura (f)	søppel (m/f/n), avfall (n)	['sœpəl], ['av̩fɑl]
pattumiera (f)	søppelkasse (m/f)	['sœpəl̩kɑsə]
sporcare (vi)	å kaste søppel	[ɔ 'kɑstə 'sœpəl]
discarica (f) di rifiuti	søppelfylling (m/f), deponi (n)	['sœpəl̩fʏliŋ], [̩depɔ'ni]

cabina (f) telefonica	telefonboks (m)	[tele'fʊn̩bɔks]
lampione (m)	lyktestolpe (m)	['lʏktə̩stɔlpə]
panchina (f)	benk (m)	['bɛŋk]

poliziotto (m)	politi (m)	[pʊli'ti]
polizia (f)	politi (n)	[pʊli'ti]
mendicante (m)	tigger (m)	['tigər]
barbone (m)	hjemløs	['jɛm̩løs]

29. Servizi cittadini

negozio (m)	forretning, butikk (m)	[fɔ'rɛtniŋ], [bʉ'tik]
farmacia (f)	apotek (n)	[apʊ'tek]
ottica (f)	optikk (m)	[ɔp'tik]
centro (m) commerciale	kjøpesenter (n)	['çœpə̩sɛntər]
supermercato (m)	supermarked (n)	['sʉpə̩market]

panetteria (f)	bakeri (n)	[bake'ri]
fornaio (m)	baker (m)	['bakər]
pasticceria (f)	konditori (n)	[kʊnditɔ'ri]
drogheria (f)	matbutikk (m)	['matbʉ̩tik]
macelleria (f)	slakterbutikk (m)	['s̩laktəbʉ̩tik]

fruttivendolo (m)	grønnsaksbutikk (m)	['grœn̩saks bʉ'tik]
mercato (m)	marked (n)	['markəd]

caffè (m)	kafé, kaffebar (m)	[ka'fe], ['kafə̩bar]
ristorante (m)	restaurant (m)	[rɛstʉ'raŋ]
birreria (f), pub (m)	pub (m)	['pʉb]
pizzeria (f)	pizzeria (m)	[pitsə'ria]

salone (m) di parrucchiere	frisørsalong (m)	[fri'sør sa̩lɔŋ]
ufficio (m) postale	post (m)	['pɔst]
lavanderia (f) a secco	renseri (n)	[rɛnse'ri]
studio (m) fotografico	fotostudio (n)	['fotɔ̩stʉdiɔ]

negozio (m) di scarpe	skobutikk (m)	['skʊ̩bʉ'tik]
libreria (f)	bokhandel (m)	['bʉk̩handəl]
negozio (m) sportivo	idrettsbutikk (m)	['idrɛts bʉ'tik]

riparazione (f) di abiti	reparasjon (m) av klær	[repara'ʂʉn a: ̩klær]
noleggio (m) di abiti	leie (m/f) av klær	['læjə a: ̩klær]
noleggio (m) di film	filmutleie (m/f)	['film̩ʉt'læje]

circo (m)	sirkus (m/n)	['sirkʉs]
zoo (m)	zoo, dyrepark (m)	['sʊ:], [dyrə'park]
cinema (m)	kino (m)	['çinʉ]
museo (m)	museum (n)	[mʉ'seum]

biblioteca (f)	bibliotek (n)	[bibliʋ'tek]
teatro (m)	teater (n)	[te'atər]
teatro (m) dell'opera	opera (m)	['ʋpera]
locale notturno (m)	nattklubb (m)	['nat‚klʉb]
casinò (m)	kasino (n)	[ka'sinʋ]

moschea (f)	moské (m)	[mʋ'ske]
sinagoga (f)	synagoge (m)	[syna'gʋgə]
cattedrale (f)	katedral (m)	[kate'dral]
tempio (m)	tempel (n)	['tɛmpəl]
chiesa (f)	kirke (m/f)	['çirkə]

istituto (m)	institutt (n)	[insti'tʉt]
università (f)	universitet (n)	[ʉnivæʂi'tet]
scuola (f)	skole (m/f)	['skʋlə]

prefettura (f)	prefektur (n)	[prɛfɛk'tʉr]
municipio (m)	rådhus (n)	['rɔd‚hʉs]
albergo, hotel (m)	hotell (n)	[hʋ'tɛl]
banca (f)	bank (m)	['bank]

ambasciata (f)	ambassade (m)	[amba'sadə]
agenzia (f) di viaggi	reisebyrå (n)	['ræjsə by‚ro]
ufficio (m) informazioni	opplysningskontor (n)	[ɔp'lʏsniŋs kʋn'tʋr]
ufficio (m) dei cambi	vekslingskontor (n)	['vɛkʂliŋs kʋn'tʋr]

| metropolitana (f) | tunnelbane, T-bane (m) | ['tʉnəl‚banə], ['tɛː‚banə] |
| ospedale (m) | sykehus (n) | ['sykə‚hʉs] |

| distributore (m) di benzina | bensinstasjon (m) | [bɛn'sin‚sta'ʂʋn] |
| parcheggio (m) | parkeringsplass (m) | [par'keriŋs‚plɑs] |

30. Cartelli

insegna (f) (di negozi, ecc.)	skilt (n)	['ʂilt]
iscrizione (f)	innskrift (m/f)	['in‚skrift]
cartellone (m)	plakat, poster (m)	['pla‚kat], ['pɔstər]
segnale (m) di direzione	veiviser (m)	['væj‚visər]
freccia (f)	pil (m/f)	['pil]

avvertimento (m)	advarsel (m)	['ad‚vaʂəl]
avviso (m)	varselskilt (n)	['vaʂəl‚ʂilt]
avvertire, avvisare (vt)	å varsle	[ɔ 'vaʂlə]

giorno (m) di riposo	fridag (m)	['fri‚da]
orario (m)	rutetabell (m)	['rʉtə‚ta'bɛl]
orario (m) di apertura	åpningstider (m/f pl)	['ɔpniŋs‚tidər]

BENVENUTI!	VELKOMMEN!	['vɛl‚kɔmən]
ENTRATA	INNGANG	['in‚gaŋ]
USCITA	UTGANG	['ʉt‚gaŋ]

| SPINGERE | SKYV | ['ʂyv] |
| TIRARE | TREKK | ['trɛk] |

| APERTO | ÅPENT | ['ɔpənt] |
| CHIUSO | STENGT | ['stɛŋt] |

| DONNE | DAMER | ['damər] |
| UOMINI | HERRER | ['hærər] |

SCONTI	RABATT	[ra'bat]
SALDI	SALG	['salg]
NOVITÀ!	NYTT!	['nʏt]
GRATIS	GRATIS	['gratis]

ATTENZIONE!	FORSIKTIG!	[fʊ'ʂiktə]
COMPLETO	INGEN LEDIGE ROM	['iŋən 'lediə rʊm]
RISERVATO	RESERVERT	[resɛr'vɛ:t]

AMMINISTRAZIONE	ADMINISTRASJON	[administra'ʂʊn]
RISERVATO	KUN FOR ANSATTE	['kʊn fɔr an'satə]
AL PERSONALE		

ATTENTI AL CANE	VOKT DEM FOR HUNDEN	['vɔkt dem fɔ 'hʊnən]
VIETATO FUMARE!	RØYKING FORBUDT	['røjkiŋ fɔr'bʉt]
NON TOCCARE	IKKE RØR!	['ikə 'rør]

PERICOLOSO	FARLIG	['fa:[i]
PERICOLO	FARE	['farə]
ALTA TENSIONE	HØYSPENNING	['høj,spɛniŋ]
DIVIETO DI BALNEAZIONE	BADING FORBUDT	['badiŋ fɔr'bʉt]
GUASTO	I USTAND	[i 'ʉ,stan]

INFIAMMABILE	BRANNFARLIG	['bran,fa:[i]
VIETATO	FORBUDT	[fɔr'bʉt]
VIETATO L'INGRESSO	INGEN INNKJØRING	['iŋən 'in,çœriŋ]
VERNICE FRESCA	NYMALT	['ny,malt]

31. Acquisti

comprare (vt)	å kjøpe	[ɔ 'çœ:pə]
acquisto (m)	innkjøp (n)	['in,çœp]
fare acquisti	å gå shopping	[ɔ 'gɔ ,ʂopiŋ]
shopping (m)	shopping (m)	['ʂopiŋ]

| essere aperto (negozio) | å være åpen | [ɔ 'værə 'ɔpən] |
| essere chiuso | å være stengt | [ɔ 'værə 'stɛŋt] |

calzature (f pl)	skotøy (n)	['skʊtøj]
abbigliamento (m)	klær (n)	['klær]
cosmetica (f)	kosmetikk (m)	[kʊsme'tik]
alimentari (m pl)	matvarer (m/f pl)	['mat,varər]
regalo (m)	gave (m/f)	['gavə]

commesso (m)	forselger (m)	[fɔ'ʂɛlər]
commessa (f)	forselger (m)	[fɔ'ʂɛlər]
cassa (f)	kasse (m/f)	['kasə]
specchio (m)	speil (n)	['spæjl]

banco (m)	disk (m)	['disk]
camerino (m)	prøverom (n)	['prøve‚rʊm]
provare (~ un vestito)	å prøve	[ɔ 'prøvə]
stare bene (vestito)	å passe	[ɔ 'pɑsə]
piacere (vi)	å like	[ɔ 'likə]
prezzo (m)	pris (m)	['pris]
etichetta (f) del prezzo	prislapp (m)	['pris‚lɑp]
costare (vt)	å koste	[ɔ 'kɔstə]
Quanto?	Hvor mye?	[vʊr 'mye]
sconto (m)	rabatt (m)	[rɑ'bɑt]
no muy caro (agg)	billig	['bili]
a buon mercato	billig	['bili]
caro (agg)	dyr	['dyr]
È caro	Det er dyrt	[de ær 'dy:t]
noleggio (m)	utleie (m/f)	['ʉt‚læje]
noleggiare (~ un abito)	å leie	[ɔ 'læjə]
credito (m)	kreditt (m)	[krɛ'dit]
a credito	på kreditt	[pɔ krɛ'dit]

ABBIGLIAMENTO E ACCESSORI

32. Indumenti. Soprabiti

vestiti (m pl)	klær (n)	['klær]
soprabito (m)	yttertøy (n)	['ytə‚tøj]
abiti (m pl) invernali	vinterklær (n pl)	['vintər‚klær]
cappotto (m)	frakk (m), kåpe (m/f)	['frɑk], ['ko:pə]
pelliccia (f)	pels (m), pelskåpe (m/f)	['pɛls], ['pɛls‚ko:pə]
pellicciotto (m)	pelsjakke (m/f)	['pɛls‚jakə]
piumino (m)	dunjakke (m/f)	['dʉn‚jakə]
giubbotto (m), giaccha (f)	jakke (m/f)	['jakə]
impermeabile (m)	regnfrakk (m)	['ræjn‚frɑk]
impermeabile (agg)	vanntett	['van‚tɛt]

33. Abbigliamento uomo e donna

camicia (f)	skjorte (m/f)	['ʂœ:ţə]
pantaloni (m pl)	bukse (m)	['bʉksə]
jeans (m pl)	jeans (m)	['dʒins]
giacca (f) (~ di tweed)	dressjakke (m/f)	['drɛs‚jakə]
abito (m) da uomo	dress (m)	['drɛs]
abito (m)	kjole (m)	['çulə]
gonna (f)	skjørt (n)	['ʂø:ţ]
camicetta (f)	bluse (m)	['blʉsə]
giacca (f) a maglia	strikket trøye (m/f)	['strikə 'trøjə]
giacca (f) tailleur	blazer (m)	['blæsər]
maglietta (f)	T-skjorte (m/f)	['te‚ʂœ:ţə]
pantaloni (m pl) corti	shorts (m)	['ʂɔ:ʈs]
tuta (f) sportiva	treningsdrakt (m/f)	['treniŋs‚drakt]
accappatoio (m)	badekåpe (m/f)	['badə‚ko:pə]
pigiama (m)	pyjamas (m)	[py'ʂamɑs]
maglione (m)	sweater (m)	['svɛtər]
pullover (m)	pullover (m)	[pʉ'lʌvər]
gilè (m)	vest (m)	['vɛst]
frac (m)	livkjole (m)	['liv‚çulə]
smoking (m)	smoking (m)	['smɔkiŋ]
uniforme (f)	uniform (m)	[ʉni'fɔrm]
tuta (f) da lavoro	arbeidsklær (n pl)	['ɑrbæjds‚klær]
salopette (f)	kjeledress, overall (m)	['çelə‚drɛs], ['ovɛr‚ɔl]
camice (m) (~ del dottore)	kittel (m)	['çitəl]

34. Abbigliamento. Biancheria intima

biancheria (f) intima	undertøy (n)	['ʉnə‚tøj]
boxer (m pl)	underbukse (m/f)	['ʉnər‚bʉksə]
mutandina (f)	truse (m/f)	['trʉsə]
maglietta (f) intima	undertrøye (m/f)	['ʉnə‚trøjə]
calzini (m pl)	sokker (m pl)	['sɔkər]
camicia (f) da notte	nattkjole (m)	['nat‚çulə]
reggiseno (m)	behå (m)	['be‚hɔ]
calzini (m pl) alti	knestrømper (m/f pl)	['knɛ‚strømpər]
collant (m)	strømpebukse (m/f)	['strømpə‚bʉksə]
calze (f pl)	strømper (m/f pl)	['strømpər]
costume (m) da bagno	badedrakt (m/f)	['badə‚drakt]

35. Copricapo

cappello (m)	hatt (m)	['hat]
cappello (m) di feltro	hatt (m)	['hat]
cappello (m) da baseball	baseball cap (m)	['bɛjsbɔl kɛp]
coppola (f)	sikspens (m)	['sikspens]
basco (m)	alpelue, baskerlue (m/f)	['alpə‚lʉə], ['baskə‚lʉə]
cappuccio (m)	hette (m/f)	['hɛtə]
panama (m)	panamahatt (m)	['panama‚hat]
berretto (m) a maglia	strikket lue (m/f)	['strikə‚lʉə]
fazzoletto (m) da capo	skaut (n)	['skaʊt]
cappellino (m) donna	hatt (m)	['hat]
casco (m) (~ di sicurezza)	hjelm (m)	['jɛlm]
bustina (f)	båtlue (m/f)	['bɔt‚lʉə]
casco (m) (~ moto)	hjelm (m)	['jɛlm]
bombetta (f)	bowlerhatt, skalk (m)	['bɔuler‚hat], ['skalk]
cilindro (m)	flosshatt (m)	['flɔs‚hat]

36. Calzature

calzature (f pl)	skotøy (n)	['skʊtøj]
stivaletti (m pl)	skor (m pl)	['skʊr]
scarpe (f pl)	pumps (m pl)	['pʉmps]
stivali (m pl)	støvler (m pl)	['støvlər]
pantofole (f pl)	tøfler (m pl)	['tøflər]
scarpe (f pl) da tennis	tennissko (m pl)	['tɛnis‚skʊ]
scarpe (f pl) da ginnastica	canvas sko (m pl)	['kanvas ‚skʊ]
sandali (m pl)	sandaler (m pl)	[san'dalər]
calzolaio (m)	skomaker (m)	['skʊ‚makər]
tacco (m)	hæl (m)	['hæl]

paio (m)	par (n)	['par]
laccio (m)	skolisse (m/f)	['skuˌlisə]
allacciare (vt)	å snøre	[ɔ 'snørə]
calzascarpe (m)	skohorn (n)	['skuˌhuːɳ]
lucido (m) per le scarpe	skokrem (m)	['skuˌkrɛm]

37. Accessori personali

guanti (m pl)	hansker (m pl)	['hanskər]
manopole (f pl)	votter (m pl)	['votər]
sciarpa (f)	skjerf (n)	['ʂærf]

occhiali (m pl)	briller (m pl)	['brilər]
montatura (f)	innfatning (m/f)	['inˌfatniŋ]
ombrello (m)	paraply (m)	[para'ply]
bastone (m)	stokk (m)	['stɔk]
spazzola (f) per capelli	hårbørste (m)	['horˌbœʂtə]
ventaglio (m)	vifte (m/f)	['viftə]

cravatta (f)	slips (n)	['slips]
cravatta (f) a farfalla	sløyfe (m/f)	['ʂløjfə]
bretelle (f pl)	bukseseler (m pl)	['bʉksə'selər]
fazzoletto (m)	lommetørkle (n)	['lʉməˌtœrklə]

pettine (m)	kam (m)	['kam]
fermaglio (m)	hårspenne (m/f/n)	['hoːrˌspɛnə]
forcina (f)	hårnål (m/f)	['hoːrˌnol]
fibbia (f)	spenne (m/f/n)	['spɛnə]

cintura (f)	belte (m)	['bɛltə]
spallina (f)	skulderreim, rem (m/f)	['skʉldəˌræjm], ['rem]

borsa (f)	veske (m/f)	['vɛskə]
borsetta (f)	håndveske (m/f)	['hɔnˌvɛskə]
zaino (m)	ryggsekk (m)	['rʏgˌsɛk]

38. Abbigliamento. Varie

moda (f)	mote (m)	['mʉtə]
di moda	moteriktig	['mʉtəˌrikti]
stilista (m)	moteskaper (m)	['mʉtəˌskapər]

collo (m)	krage (m)	['kragə]
tasca (f)	lomme (m/f)	['lʉmə]
tascabile (agg)	lomme-	['lʉmə-]
manica (f)	erme (n)	['ærmə]
asola (f) per appendere	hempe (m)	['hɛmpə]
patta (f) (~ dei pantaloni)	gylf, buksesmekk (m)	['gylf], ['bʉksəˌsmɛk]

cerniera (f) lampo	glidelås (m/n)	['glidəˌlɔs]
chiusura (f)	hekte (m/f), knepping (m)	['hɛktə], ['knɛpiŋ]
bottone (m)	knapp (m)	['knap]

occhiello (m)	klapphull (n)	['klɑpˌhʉl]
staccarsi (un bottone)	å falle av	[ɔ 'fɑlə ɑ:]
cucire (vi, vt)	å sy	[ɔ 'sy]
ricamare (vi, vt)	å brodere	[ɔ brʉ'derə]
ricamo (m)	broderi (n)	[brʉde'ri]
ago (m)	synål (m/f)	['syˌnɔl]
filo (m)	tråd (m)	['trɔ]
cucitura (f)	søm (m)	['søm]
sporcarsi (vr)	å skitne seg til	[ɔ 'ʂitnə sæj til]
macchia (f)	flekk (m)	['flek]
sgualcirsi (vr)	å bli skrukkete	[ɔ 'bli 'skrʉketə]
strappare (vt)	å rive	[ɔ 'rivə]
tarma (f)	møll (m/n)	['møl]

39. Cura della persona. Cosmetici

dentifricio (m)	tannpasta (m)	['tanˌpɑstɑ]
spazzolino (m) da denti	tannbørste (m)	['tanˌbœʂtə]
lavarsi i denti	å pusse tennene	[ɔ 'pʉsə 'tɛnənə]
rasoio (m)	høvel (m)	['høvəl]
crema (f) da barba	barberkrem (m)	[bɑr'bɛrˌkrɛm]
rasarsi (vr)	å barbere seg	[ɔ bɑr'berə sæj]
sapone (m)	såpe (m/f)	['so:pə]
shampoo (m)	sjampo (m)	['ʂɑmˌpʉ]
forbici (f pl)	saks (m/f)	['sɑks]
limetta (f)	neglefil (m/f)	['nɛjləˌfil]
tagliaunghie (m)	negleklipper (m)	['nɛjləˌklipər]
pinzette (f pl)	pinsett (m)	[pin'sɛt]
cosmetica (f)	kosmetikk (m)	[kʉsme'tik]
maschera (f) di bellezza	ansiktsmaske (m/f)	['ɑnsiktsˌmɑskə]
manicure (m)	manikyr (m)	[mɑni'kyr]
fare la manicure	å få manikyr	[ɔ 'fɔ mɑni'kyr]
pedicure (m)	pedikyr (m)	[pedi'kyr]
borsa (f) del trucco	sminkeveske (m/f)	['sminkəˌvɛskə]
cipria (f)	pudder (n)	['pʉdər]
portacipria (m)	pudderdåse (m)	['pʉdərˌdo:sə]
fard (m)	rouge (m)	['ru:ʂ]
profumo (m)	parfyme (m)	[pɑr'fymə]
acqua (f) da toeletta	eau de toilette (m)	['ɔ: də twɑ'let]
lozione (f)	lotion (m)	['lʉʂɛn]
acqua (f) di Colonia	eau de cologne (m)	['ɔ: də kɔ'lɔŋ]
ombretto (m)	øyeskygge (m)	['øjəˌsygə]
eyeliner (m)	eyeliner (m)	['ɑ:jˌlɑjnər]
mascara (m)	maskara (m)	[mɑ'skɑrɑ]
rossetto (m)	leppestift (m)	['lepəˌstift]

smalto (m)	neglelakk (m)	['nɛjlə‚lak]
lacca (f) per capelli	hårlakk (m)	['hoːr‚lak]
deodorante (m)	deodorant (m)	[deudu'rant]

crema (f)	krem (m)	['krɛm]
crema (f) per il viso	ansiktskrem (m)	['ansikts‚krɛm]
crema (f) per le mani	håndkrem (m)	['hɔn‚krɛm]
crema (f) antirughe	antirynkekrem (m)	[anti'rʏnkə‚krɛm]
crema (f) da giorno	dagkrem (m)	['dag‚krɛm]
crema (f) da notte	nattkrem (m)	['nat‚krɛm]
da giorno	dag-	['dag-]
da notte	natt-	['nat-]

tampone (m)	tampong (m)	[tam'pɔŋ]
carta (f) igienica	toalettpapir (n)	[tʊa'let pa'pir]
fon (m)	hårføner (m)	['hoːr‚fønər]

40. Orologi da polso. Orologio

orologio (m) (~ da polso)	armbåndsur (n)	['armbɔns‚ʉr]
quadrante (m)	urskive (m/f)	['ʉː‚ʂivə]
lancetta (f)	viser (m)	['visər]
braccialetto (m)	armbånd (n)	['arm‚bɔn]
cinturino (m)	rem (m/f)	['rem]

pila (f)	batteri (n)	[batɛ'ri]
essere scarico	å bli utladet	[ɔ 'bli 'ʉt‚ladət]
cambiare la pila	å skifte batteriene	[ɔ 'ʂiftə batɛ'riene]
andare avanti	å gå for fort	[ɔ 'gɔ fɔ 'fɔːt]
andare indietro	å gå for sakte	[ɔ 'gɔ fɔ 'saktə]

orologio (m) da muro	veggur (n)	['vɛg‚ʉr]
clessidra (f)	timeglass (n)	['timə‚glas]
orologio (m) solare	solur (n)	['sʊl‚ʉr]
sveglia (f)	vekkerklokka (m/f)	['vɛkər‚klɔka]
orologiaio (m)	urmaker (m)	['ʉr‚makər]
riparare (vt)	å reparere	[ɔ repa'rerə]

L'ESPERIENZA QUOTIDIANA

41. Denaro

soldi (m pl)	penger (m pl)	['pɛŋər]
cambio (m)	veksling (m/f)	['vɛkʂliŋ]
corso (m) di cambio	kurs (m)	['kuʂ]
bancomat (m)	minibank (m)	['mini‚bɑnk]
moneta (f)	mynt (m)	['mʏnt]
dollaro (m)	dollar (m)	['dɔlɑr]
euro (m)	euro (m)	['ɛʉrʉ]
lira (f)	lira (m)	['lire]
marco (m)	mark (m/f)	['mɑrk]
franco (m)	franc (m)	['frɑn]
sterlina (f)	pund sterling (m)	['pʉn stɛ:'liŋ]
yen (m)	yen (m)	['jɛn]
debito (m)	skyld (m/f), gjeld (m)	['ʂʏl], ['jɛl]
debitore (m)	skyldner (m)	['ʂʏlnər]
prestare (~ i soldi)	å låne ut	[ɔ 'lo:nə ʉt]
prendere in prestito	å låne	[ɔ 'lo:nə]
banca (f)	bank (m)	['bɑnk]
conto (m)	konto (m)	['kɔntʉ]
versare (vt)	å sette inn	[ɔ 'sɛtə in]
versare sul conto	å sette inn på kontoen	[ɔ 'sɛtə in pɔ 'kɔntʉən]
prelevare dal conto	å ta ut fra kontoen	[ɔ 'tɑ ʉt frɑ 'kɔntʉən]
carta (f) di credito	kredittkort (n)	[krɛ'dit‚kɔ:t]
contanti (m pl)	kontanter (m pl)	[kʉn'tɑntər]
assegno (m)	sjekk (m)	['ʂɛk]
emettere un assegno	å skrive en sjekk	[ɔ 'skrivə en 'ʂɛk]
libretto (m) di assegni	sjekkbok (m/f)	['ʂɛk‚bʉk]
portafoglio (m)	lommebok (m)	['lʉmə‚bʉk]
borsellino (m)	pung (m)	['pʉŋ]
cassaforte (f)	safe, seif (m)	['sɛjf]
erede (m)	arving (m)	['ɑrviŋ]
eredità (f)	arv (m)	['ɑrv]
fortuna (f)	formue (m)	['fɔr‚mʉə]
affitto (m), locazione (f)	leie (m)	['læje]
canone (m) d'affitto	husleie (m/f)	['hʉs‚læje]
affittare (dare in affitto)	å leie	[ɔ 'læjə]
prezzo (m)	pris (m)	['pris]
costo (m)	kostnad (m)	['kɔstnɑd]

somma (f)	sum (m)	['sʉm]
spendere (vt)	å bruke	[ɔ 'brʉkə]
spese (f pl)	utgifter (m/f pl)	['ʉtˌjiftər]
economizzare (vi, vt)	å spare	[ɔ 'sparə]
economico (agg)	sparsom	['spaʂɔm]
pagare (vi, vt)	å betale	[ɔ be'talə]
pagamento (m)	betaling (m/f)	[be'taliŋ]
resto (m) (dare il ~)	vekslepenger (pl)	['vɛkʂləˌpɛŋər]
imposta (f)	skatt (m)	['skat]
multa (f), ammenda (f)	bot (m/f)	['bʉt]
multare (vt)	å bøtelegge	[ɔ 'bøtəˌlegə]

42. Posta. Servizio postale

ufficio (m) postale	post (m)	['pɔst]
posta (f) (lettere, ecc.)	post (m)	['pɔst]
postino (m)	postbud (n)	['pɔstˌbʉd]
orario (m) di apertura	åpningstider (m/f pl)	['ɔpniŋsˌtidər]
lettera (f)	brev (n)	['brev]
raccomandata (f)	rekommandert brev (n)	[rekʉman'dɛːt ˌbrev]
cartolina (f)	postkort (n)	['pɔstˌkɔːt]
telegramma (m)	telegram (n)	[tele'gram]
pacco (m) postale	postpakke (m/f)	['pɔstˌpakə]
vaglia (m) postale	pengeoverføring (m/f)	['pɛŋe 'ɔverˌføriŋ]
ricevere (vt)	å motta	[ɔ 'mɔta]
spedire (vt)	å sende	[ɔ 'sɛnə]
invio (m)	avsending (m)	['afˌsɛniŋ]
indirizzo (m)	adresse (m)	[a'drɛsə]
codice (m) postale	postnummer (n)	['pɔstˌnʉmər]
mittente (m)	avsender (m)	['afˌsɛnər]
destinatario (m)	mottaker (m)	['mɔtˌtakər]
nome (m)	fornavn (n)	['fɔrˌnavn]
cognome (m)	etternavn (n)	['ɛtəˌŋavn]
tariffa (f)	tariff (m)	[ta'rif]
ordinario (agg)	vanlig	['vanli]
standard (agg)	økonomisk	[økʉ'nɔmisk]
peso (m)	vekt (m)	['vɛkt]
pesare (vt)	å veie	[ɔ 'væeje]
busta (f)	konvolutt (m)	[kʉnvʉ'lʉt]
francobollo (m)	frimerke (n)	['friˌmærkə]
affrancare (vt)	å sette på frimerke	[ɔ 'sɛtə pɔ 'friˌmærkə]

43. Attività bancaria

banca (f)	bank (m)	['bank]
filiale (f)	avdeling (m)	['avˌdeliŋ]

consulente (m)	konsulent (m)	[kʊnsɯ'lent]
direttore (m)	forstander (m)	[fɔ'standər]
conto (m) bancario	bankkonto (m)	['bɑnk‚kɔntʊ]
numero (m) del conto	kontonummer (n)	['kɔntʊ‚nɯmər]
conto (m) corrente	sjekkonto (m)	['ʂɛk‚kɔntʊ]
conto (m) di risparmio	sparekonto (m)	['spɑrə‚kɔntʊ]
aprire un conto	å åpne en konto	[ɔ 'ɔpnə en 'kɔntʊ]
chiudere il conto	å lukke kontoen	[ɔ 'lɯkə 'kɔntʊən]
versare sul conto	å sette inn på kontoen	[ɔ 'sɛtə in pɔ 'kɔntʊən]
prelevare dal conto	å ta ut fra kontoen	[ɔ 'tɑ ɯt frɑ 'kɔntʊən]
deposito (m)	innskudd (n)	['in‚skɯd]
depositare (vt)	å sette inn	[ɔ 'sɛtə in]
trasferimento (m) telegrafico	overføring (m/f)	['ɔvər‚førin]
rimettere i soldi	å overføre	[ɔ 'ɔvər‚førə]
somma (f)	sum (m)	['sɯm]
Quanto?	Hvor mye?	[vʊr 'mye]
firma (f)	underskrift (m/f)	['ɯnə‚skrift]
firmare (vt)	å underskrive	[ɔ 'ɯnə‚skrivə]
carta (f) di credito	kredittkort (n)	[krɛ'dit‚kɔːʈ]
codice (m)	kode (m)	['kʊdə]
numero (m) della carta di credito	kreditkortnummer (n)	[krɛ'dit‚kɔːʈ 'nɯmər]
bancomat (m)	minibank (m)	['mini‚bɑnk]
assegno (m)	sjekk (m)	['ʂɛk]
emettere un assegno	å skrive en sjekk	[ɔ 'skrivə en 'ʂɛk]
libretto (m) di assegni	sjekkbok (m/f)	['ʂɛk‚bʊk]
prestito (m)	lån (n)	['lɔn]
fare domanda per un prestito	å søke om lån	[ɔ ‚søkə ɔm 'lɔn]
ottenere un prestito	å få lån	[ɔ 'fɔ 'lɔn]
concedere un prestito	å gi lån	[ɔ 'ji 'lɔn]
garanzia (f)	garanti (m)	[gɑrɑn'ti]

44. Telefono. Conversazione telefonica

telefono (m)	telefon (m)	[tele'fʊn]
telefonino (m)	mobiltelefon (m)	[mʊ'bil tele'fʊn]
segreteria (f) telefonica	telefonsvarer (m)	[tele'fʊn‚svɑrər]
telefonare (vi, vt)	å ringe	[ɔ 'riŋə]
chiamata (f)	telefonsamtale (m)	[tele'fʊn 'sɑm‚tɑlə]
comporre un numero	å slå et nummer	[ɔ 'ʂlɔ et 'nɯmər]
Pronto!	Hallo!	[hɑ'lʊ]
chiedere (domandare)	å spørre	[ɔ 'spørə]
rispondere (vi, vt)	å svare	[ɔ 'svɑrə]
udire (vt)	å høre	[ɔ 'hørə]

bene	godt	['gɔt]
male	dårlig	['doːⁱⱼi]
disturbi (m pl)	støy (m)	['støj]

cornetta (f)	telefonrør (n)	[tele'fʊnˌrør]
alzare la cornetta	å ta telefonen	[ɔ 'tɑ tele'fʊnən]
riattaccare la cornetta	å legge på røret	[ɔ 'legə pɔ 'røre]

occupato (agg)	opptatt	['ɔpˌtɑt]
squillare (del telefono)	å ringe	[ɔ 'riŋə]
elenco (m) telefonico	telefonkatalog (m)	[tele'fʊn kɑtɑ'lɔg]

locale (agg)	lokal-	[lɔ'kɑl-]
telefonata (f) urbana	lokalsamtale (m)	[lɔ'kɑl 'sɑmˌtɑlə]
interurbano (agg)	riks-	['riks-]
telefonata (f) interurbana	rikssamtale (m)	['riks 'sɑmˌtɑlə]
internazionale (agg)	internasjonal	['intɛːŋɑʂʊˌnɑl]
telefonata (f) internazionale	internasjonal samtale (m)	['intɛːŋɑʂʊˌnɑl 'sɑmˌtɑlə]

45. Telefono cellulare

telefonino (m)	mobiltelefon (m)	[mʊ'bil tele'fʊn]
schermo (m)	skjerm (m)	['ʂærm]
tasto (m)	knapp (m)	['knɑp]
scheda SIM (f)	SIM-kort (n)	['simˌkɔːt]

pila (f)	batteri (n)	[bɑtɛ'ri]
essere scarico	å bli utladet	[ɔ 'bli 'ʉtˌlɑdət]
caricabatteria (m)	lader (m)	['lɑdər]

menù (m)	meny (m)	[me'ny]
impostazioni (f pl)	innstillinger (m/f pl)	['inˌstiliŋər]
melodia (f)	melodi (m)	[melɔ'di]
scegliere (vt)	å velge	[ɔ 'vɛlgə]

calcolatrice (f)	regnemaskin (m)	['rɛjnə mɑˌʂin]
segreteria (f) telefonica	telefonsvarer (m)	[tele'fʊnˌsvɑrər]
sveglia (f)	vekkerklokka (m/f)	['vɛkərˌklɔkɑ]
contatti (m pl)	kontakter (m pl)	[kʊn'tɑktər]

messaggio (m) SMS	SMS-beskjed (m)	[ɛsɛm'ɛs bɛˌʂɛ]
abbonato (m)	abonnent (m)	[abɔ'nɛnt]

46. Articoli di cancelleria

penna (f) a sfera	kulepenn (m)	['kʉːləˌpɛn]
penna (f) stilografica	fyllepenn (m)	['fʏləˌpɛn]

matita (f)	blyant (m)	['blyˌɑnt]
evidenziatore (m)	merkepenn (m)	['mærkəˌpɛn]
pennarello (m)	tusjpenn (m)	['tʉʂˌpɛn]
taccuino (m)	notatbok (m/f)	[nʊ'tɑtˌbʊk]

agenda (f)	dagbok (m/f)	['dɑg,bʉk]
righello (m)	linjal (m)	[li'njɑl]
calcolatrice (f)	regnemaskin (m)	['rɛjnə mɑ,ʂin]
gomma (f) per cancellare	viskelær (n)	['viskə,lær]
puntina (f)	tegnestift (m)	['tæjnə,stift]
graffetta (f)	binders (m)	['bindɛʂ]

colla (f)	lim (n)	['lim]
pinzatrice (f)	stiftemaskin (m)	['stiftə mɑ,ʂin]
perforatrice (f)	hullemaskin (m)	['hʉlə mɑ,ʂin]
temperamatite (m)	blyantspisser (m)	['blyɑnt,spisər]

47. Lingue straniere

lingua (f)	språk (n)	['sprɔk]
straniero (agg)	fremmed-	['fremə-]
lingua (f) straniera	fremmedspråk (n)	['fremed,sprɔk]
studiare (vt)	å studere	[ɔ stʉ'derə]
imparare (una lingua)	å lære	[ɔ 'lærə]

leggere (vi, vt)	å lese	[ɔ 'lesə]
parlare (vi, vt)	å tale	[ɔ 'talə]
capire (vt)	å forstå	[ɔ fɔ'ʂtɔ]
scrivere (vi, vt)	å skrive	[ɔ 'skrivə]

rapidamente	fort	['fʊːt]
lentamente	langsomt	['lɑŋsɔmt]
correntemente	flytende	['flytnə]

regole (f pl)	regler (m pl)	['rɛglər]
grammatica (f)	grammatikk (m)	[grɑmɑ'tik]
lessico (m)	ordforråd (n)	['uːrfʊ,rɔd]
fonetica (f)	fonetikk (m)	[fʊne'tik]

manuale (m)	lærebok (m/f)	['lærə,bʉk]
dizionario (m)	ordbok (m/f)	['uːr,bʉk]
manuale (m) autodidattico	lærebok (m/f) for selvstudium	['lærə,bʉk fɔ 'sel,stʉdium]
frasario (m)	parlør (m)	[pɑ:'ɭør]

cassetta (f)	kassett (m)	[kɑ'sɛt]
videocassetta (f)	videokassett (m)	['videu kɑ'sɛt]
CD (m)	CD-rom (m)	['sɛdɛ,rʊm]
DVD (m)	DVD (m)	[deve'de]

alfabeto (m)	alfabet (n)	[ɑlfɑ'bet]
compitare (vt)	å stave	[ɔ 'stɑvə]
pronuncia (f)	uttale (m)	['ʉt,tɑlə]

accento (m)	aksent (m)	[ɑk'sɑŋ]
con un accento	med aksent	[me ɑk'sɑŋ]
senza accento	uten aksent	['ʉtən ɑk'sɑŋ]
vocabolo (m)	ord (n)	['uːr]
significato (m)	betydning (m)	[be'tʏdniŋ]

corso (m) (~ di francese)	kurs (n)	['kʉʂ]
iscriversi (vr)	å anmelde seg	[ɔ 'ɑnˌmɛlə sæj]
insegnante (m, f)	lærer (m)	['lærər]

traduzione (f) (fare una ~)	oversettelse (m)	['ɔvəˌʂɛtəlsə]
traduzione (f) (un testo)	oversettelse (m)	['ɔvəˌʂɛtəlsə]
traduttore (m)	oversetter (m)	['ɔvəˌʂɛtər]
interprete (m)	tolk (m)	['tɔlk]

| poliglotta (m) | polyglott (m) | [pʊlʏ'glɔt] |
| memoria (f) | minne (n), hukommelse (m) | ['minə], [hʉ'kɔməlsə] |

PASTI. RISTORANTE

48. Preparazione della tavola

cucchiaio (m)	skje (m)	['ʂe]
coltello (m)	kniv (m)	['kniv]
forchetta (f)	gaffel (m)	['gafəl]
tazza (f)	kopp (m)	['kɔp]
piatto (m)	tallerken (m)	[tɑ'lærkən]
piattino (m)	tefat (n)	['te̩fɑt]
tovagliolo (m)	serviett (m)	[sɛrvi'ɛt]
stuzzicadenti (m)	tannpirker (m)	['tɑn̩pirkər]

49. Ristorante

ristorante (m)	restaurant (m)	[rɛstʊ'rɑŋ]
caffè (m)	kafé, kaffebar (m)	[kɑ'fe], ['kɑfə̩bɑr]
pub (m), bar (m)	bar (m)	['bɑr]
sala (f) da tè	tesalong (m)	['tesɑ̩lɔŋ]
cameriere (m)	servitør (m)	['særvi'tør]
cameriera (f)	servitrise (m/f)	[særvi'trisə]
barista (m)	bartender (m)	['bɑː̩tɛndər]
menù (m)	meny (m)	[me'ny]
lista (f) dei vini	vinkart (n)	['vin̩kɑːt]
prenotare un tavolo	å reservere bord	[ɔ resɛr'verə 'bʊr]
piatto (m)	rett (m)	['rɛt]
ordinare (~ il pranzo)	å bestille	[ɔ be'stilə]
fare un'ordinazione	å bestille	[ɔ be'stilə]
aperitivo (m)	aperitiff (m)	[ɑperi'tif]
antipasto (m)	forrett (m)	['fɔrɛt]
dolce (m)	dessert (m)	[de'sɛːr]
conto (m)	regning (m/f)	['rɛjniŋ]
pagare il conto	å betale regningen	[ɔ be'talə 'rɛjniŋən]
dare il resto	å gi tilbake veksel	[ɔ ji til'bɑkə 'vɛksəl]
mancia (f)	driks (m)	['driks]

50. Pasti

cibo (m)	mat (m)	['mɑt]
mangiare (vi, vt)	å spise	[ɔ 'spisə]

colazione (f)	frokost (m)	['frʊkɔst]
fare colazione	å spise frokost	[ɔ 'spisə ˌfrʊkɔst]
pranzo (m)	lunsj, lunch (m)	['lʉnʂ]
pranzare (vi)	å spise lunsj	[ɔ 'spisə ˌlʉnʂ]
cena (f)	middag (m)	['miˌdɑ]
cenare (vi)	å spise middag	[ɔ 'spisə 'miˌdɑ]

| appetito (m) | appetitt (m) | [ɑpe'tit] |
| Buon appetito! | God appetitt! | ['gʊ ɑpe'tit] |

aprire (vt)	å åpne	[ɔ 'ɔpnə]
rovesciare (~ il vino, ecc.)	å spille	[ɔ 'spilə]
rovesciarsi (vr)	å bli spilt	[ɔ 'bli 'spilt]

bollire (vi)	å koke	[ɔ 'kʊkə]
far bollire	å koke	[ɔ 'kʊkə]
bollito (agg)	kokt	['kʊkt]
raffreddare (vt)	å svalne	[ɔ 'svɑlnə]
raffreddarsi (vr)	å avkjøles	[ɔ 'avˌçœləs]

| gusto (m) | smak (m) | ['smɑk] |
| retrogusto (m) | bismak (m) | ['bismɑk] |

essere a dieta	å være på diet	[ɔ 'værə pɔ di'et]
dieta (f)	diett (m)	[di'et]
vitamina (f)	vitamin (n)	[vitɑ'min]
caloria (f)	kalori (m)	[kɑlʊ'ri]
vegetariano (m)	vegetarianer (m)	[vegetɑri'ɑnər]
vegetariano (agg)	vegetarisk	[vege'tɑrisk]

grassi (m pl)	fett (n)	['fɛt]
proteine (f pl)	proteiner (n pl)	[prɔte'inər]
carboidrati (m pl)	kullhydrater (n pl)	['kʉlhyˌdrɑtər]
fetta (f), fettina (f)	skive (m/f)	['ʂivə]
pezzo (m) (~ di torta)	stykke (n)	['stʏkə]
briciola (f) (~ di pane)	smule (m)	['smʉlə]

51. Pietanze cucinate

piatto (m) (~ principale)	rett (m)	['rɛt]
cucina (f)	kjøkken (n)	['çœkən]
ricetta (f)	oppskrift (m)	['ɔpˌskrift]
porzione (f)	porsjon (m)	[pɔ'ʂʊn]

| insalata (f) | salat (m) | [sɑ'lɑt] |
| minestra (f) | suppe (m/f) | ['sʉpə] |

brodo (m)	buljong (m)	[bu'ljɔŋ]
panino (m)	smørbrød (n)	['smørˌbrø]
uova (f pl) al tegamino	speilegg (n)	['spæjlˌɛg]

hamburger (m)	hamburger (m)	['hɑmbʊrgər]
bistecca (f)	biff (m)	['bif]
contorno (m)	tilbehør (n)	['tilbəˌhør]

spaghetti (m pl)	spagetti (m)	[spɑ'gɛti]
purè (m) di patate	potetmos (m)	[pʉ'tet‚mʉs]
pizza (f)	pizza (m)	['pitsɑ]
porridge (m)	grøt (m)	['grøt]
frittata (f)	omelett (m)	[ɔmə'let]

bollito (agg)	kokt	['kʉkt]
affumicato (agg)	røkt	['røkt]
fritto (agg)	stekt	['stɛkt]
secco (agg)	tørket	['tœrkət]
congelato (agg)	frossen, dypfryst	['frɔsən], ['dyp‚frʏst]
sottoaceto (agg)	syltet	['sʏltət]

dolce (gusto)	søt	['søt]
salato (agg)	salt	['sɑlt]
freddo (agg)	kald	['kɑl]
caldo (agg)	het, varm	['het], ['vɑrm]
amaro (agg)	bitter	['bitər]
buono, gustoso (agg)	lekker	['lekər]

cuocere, preparare (vt)	å koke	[ɔ 'kʉkə]
cucinare (vi)	å lage	[ɔ 'lɑgə]
friggere (vt)	å steke	[ɔ 'stekə]
riscaldare (vt)	å varme opp	[ɔ 'vɑrmə ɔp]

salare (vt)	å salte	[ɔ 'sɑltə]
pepare (vt)	å pepre	[ɔ 'pɛprə]
grattugiare (vt)	å rive	[ɔ 'rivə]
buccia (f)	skall (n)	['skɑl]
sbucciare (vt)	å skrelle	[ɔ 'skrɛlə]

52. Cibo

carne (f)	kjøtt (n)	['çœt]
pollo (m)	høne (m/f)	['hønə]
pollo (m) novello	kylling (m)	['çyliŋ]
anatra (f)	and (m/f)	['ɑn]
oca (f)	gås (m/f)	['gɔs]
cacciagione (f)	vilt (n)	['vilt]
tacchino (m)	kalkun (m)	[kɑl'kʉn]

maiale (m)	svinekjøtt (n)	['svinə‚çœt]
vitello (m)	kalvekjøtt (n)	['kɑlvə‚çœt]
agnello (m)	fårekjøtt (n)	['foːrə‚çœt]
manzo (m)	oksekjøtt (n)	['ɔksə‚çœt]
coniglio (m)	kanin (m)	[kɑ'nin]

salame (m)	pølse (m/f)	['pølsə]
w?rstel (m)	wienerpølse (m/f)	['vinər‚pølsə]
pancetta (f)	bacon (n)	['bɛjkən]
prosciutto (m)	skinke (m)	['ʂinkə]
prosciutto (m) affumicato	skinke (m)	['ʂinkə]
pâté (m)	pate, paté (m)	[pɑ'te]
fegato (m)	lever (m)	['levər]

carne (f) trita	kjøttfarse (m)	['çœt‚farşə]
lingua (f)	tunge (m/f)	['tʉŋə]
uovo (m)	egg (n)	['ɛg]
uova (f pl)	egg (n pl)	['ɛg]
albume (m)	eggehvite (m)	['ɛgə‚vitə]
tuorlo (m)	plomme (m/f)	['plʊmə]
pesce (m)	fisk (m)	['fisk]
frutti (m pl) di mare	sjømat (m)	['şø‚mat]
crostacei (m pl)	krepsdyr (n pl)	['krɛps‚dyr]
caviale (m)	kaviar (m)	['kavi‚ar]
granchio (m)	krabbe (m)	['krabə]
gamberetto (m)	reke (m/f)	['rekə]
ostrica (f)	østers (m)	['østəş]
aragosta (f)	langust (m)	[laŋ'gʉst]
polpo (m)	blekksprut (m)	['blek‚sprʉt]
calamaro (m)	blekksprut (m)	['blek‚sprʉt]
storione (m)	stør (m)	['stør]
salmone (m)	laks (m)	['laks]
ippoglosso (m)	kveite (m/f)	['kvæjtə]
merluzzo (m)	torsk (m)	['tɔşk]
scombro (m)	makrell (m)	[ma'krɛl]
tonno (m)	tunfisk (m)	['tʉn‚fisk]
anguilla (f)	ål (m)	['ɔl]
trota (f)	ørret (m)	['øret]
sardina (f)	sardin (m)	[sa:'ɖin]
luccio (m)	gjedde (m/f)	['jɛdə]
aringa (f)	sild (m/f)	['sil]
pane (m)	brød (n)	['brø]
formaggio (m)	ost (m)	['ʊst]
zucchero (m)	sukker (n)	['sʉkər]
sale (m)	salt (n)	['salt]
riso (m)	ris (m)	['ris]
pasta (f)	pasta, makaroni (m)	['pasta], [maka'rʊni]
tagliatelle (f pl)	nudler (m pl)	['nʉdlər]
burro (m)	smør (n)	['smør]
olio (m) vegetale	vegetabilsk olje (m)	[vegeta'bilsk ‚ɔljə]
olio (m) di girasole	solsikkeolje (m)	['sʊlsikə‚ɔljə]
margarina (f)	margarin (m)	[marga'rin]
olive (f pl)	olivener (m pl)	[ʊ'livenər]
olio (m) d'oliva	olivenolje (m)	[ʊ'livən‚ɔljə]
latte (m)	melk (m/f)	['mɛlk]
latte (m) condensato	kondensert melk (m/f)	[kʊndən'se:t ‚mɛlk]
yogurt (m)	jogurt (m)	['jɔgʉ:t]
panna (f) acida	rømme, syrnet fløte (m)	['rœmə], ['sy:ŋet 'fløtə]
panna (f)	fløte (m)	['fløtə]

maionese (m)	majones (m)	[majo'nɛs]
crema (f)	krem (m)	['krɛm]

cereali (m pl)	gryn (n)	['gryn]
farina (f)	mel (n)	['mel]
cibi (m pl) in scatola	hermetikk (m)	[hɛrme'tik]

fiocchi (m pl) di mais	cornflakes (m)	['kɔːn͜flejks]
miele (m)	honning (m)	['hɔniŋ]
marmellata (f)	syltetøy (n)	['syltə͜tøj]
gomma (f) da masticare	tyggegummi (m)	['tygə͜gᵾmi]

53. Bevande

acqua (f)	vann (n)	['van]
acqua (f) potabile	drikkevann (n)	['drikə͜van]
acqua (f) minerale	mineralvann (n)	[minə'ral͜van]

liscia (non gassata)	uten kullsyre	['ᵾtən kᵾl'syrə]
gassata (agg)	kullsyret	[kᵾl'syrət]
frizzante (agg)	med kullsyre	[me kᵾl'syrə]
ghiaccio (m)	is (m)	['is]
con ghiaccio	med is	[me 'is]

analcolico (agg)	alkoholfri	['alkᵾhᵾl͜fri]
bevanda (f) analcolica	alkoholfri drikk (m)	['alkᵾhᵾl͜fri drik]
bibita (f)	leskedrikk (m)	['leskə͜drik]
limonata (f)	limonade (m)	[limɔ'nadə]

bevande (f pl) alcoliche	rusdrikker (m pl)	['rᵾs͜drikər]
vino (m)	vin (m)	['vin]
vino (m) bianco	hvitvin (m)	['vit͜vin]
vino (m) rosso	rødvin (m)	['rø͜vin]

liquore (m)	likør (m)	[li'kør]
champagne (m)	champagne (m)	[ʂam'panjə]
vermouth (m)	vermut (m)	['værmᵾt]

whisky	whisky (m)	['viski]
vodka (f)	vodka (m)	['vɔdka]
gin (m)	gin (m)	['dʒin]
cognac (m)	konjakk (m)	['kᵾnjak]
rum (m)	rom (m)	['rᵾm]

caffè (m)	kaffe (m)	['kafə]
caffè (m) nero	svart kaffe (m)	['svaːt 'kafə]
caffè latte (m)	kaffe (m) med melk	['kafə me 'mɛlk]
cappuccino (m)	cappuccino (m)	[kapᵾ'tʃinɔ]
caffè (m) solubile	pulverkaffe (m)	['pᵾlvər͜kafə]

latte (m)	melk (m/f)	['mɛlk]
cocktail (m)	cocktail (m)	['kɔk͜tɛjl]
frullato (m)	milkshake (m)	['milk͜sɛjk]
succo (m)	jus, juice (m)	['dʒᵾs]

succo (m) di pomodoro	tomatjuice (m)	[tʊ'mat,dʒʉs]
succo (m) d'arancia	appelsinjuice (m)	[apel'sin,dʒʉs]
spremuta (f)	nypresset juice (m)	['ny,prɛsə 'dʒʉs]
birra (f)	øl (m/n)	['øl]
birra (f) chiara	lettøl (n)	['let,øl]
birra (f) scura	mørkt øl (n)	['mœrkt,øl]
tè (m)	te (m)	['te]
tè (m) nero	svart te (m)	['svɑːt ,te]
tè (m) verde	grønn te (m)	['grœn ,te]

54. Verdure

ortaggi (m pl)	grønnsaker (m pl)	['grœn,sakər]
verdura (f)	grønnsaker (m pl)	['grœn,sakər]
pomodoro (m)	tomat (m)	[tʊ'mat]
cetriolo (m)	agurk (m)	[a'gʉrk]
carota (f)	gulrot (m/f)	['gʉl,rʊt]
patata (f)	potet (m/f)	[pʊ'tet]
cipolla (f)	løk (m)	['løk]
aglio (m)	hvitløk (m)	['vit,løk]
cavolo (m)	kål (m)	['kɔl]
cavolfiore (m)	blomkål (m)	['blɔm,kɔl]
cavoletti (m pl) di Bruxelles	rosenkål (m)	['rʊsən,kɔl]
broccolo (m)	brokkoli (m)	['brɔkɔli]
barbabietola (f)	rødbete (m/f)	['rø,betə]
melanzana (f)	aubergine (m)	[ɔbɛr'şin]
zucchina (f)	squash (m)	['skvɔş]
zucca (f)	gresskar (n)	['grɛskar]
rapa (f)	nepe (m/f)	['nepə]
prezzemolo (m)	persille (m/f)	[pæ'şilə]
aneto (m)	dill (m)	['dil]
lattuga (f)	salat (m)	[sa'lat]
sedano (m)	selleri (m/n)	[sɛle,ri]
asparago (m)	asparges (m)	[a'sparşəs]
spinaci (m pl)	spinat (m)	[spi'nat]
pisello (m)	erter (m pl)	['æːter]
fave (f pl)	bønner (m/f pl)	['bœnər]
mais (m)	mais (m)	['mais]
fagiolo (m)	bønne (m/f)	['bœnə]
peperone (m)	pepper (m)	['pɛpər]
ravanello (m)	reddik (m)	['rɛdik]
carciofo (m)	artisjokk (m)	[,aːţi'şɔk]

55. Frutta. Noci

frutto (m)	frukt (m/f)	['frʉkt]
mela (f)	eple (n)	['ɛplə]
pera (f)	pære (m/f)	['pærə]
limone (m)	sitron (m)	[si'trʊn]
arancia (f)	appelsin (m)	[ɑpel'sin]
fragola (f)	jordbær (n)	['juːr͵bær]
mandarino (m)	mandarin (m)	[mɑndɑ'rin]
prugna (f)	plomme (m/f)	['plʊmə]
pesca (f)	fersken (m)	['fæʂkən]
albicocca (f)	aprikos (m)	[ɑpri'kʊs]
lampone (m)	bringebær (n)	['briŋə͵bær]
ananas (m)	ananas (m)	['ɑnɑnɑs]
banana (f)	banan (m)	[bɑ'nɑn]
anguria (f)	vannmelon (m)	['vɑnme͵lʊn]
uva (f)	drue (m)	['drʉə]
amarena (f)	kirsebær (n)	['çiʂə͵bær]
ciliegia (f)	morell (m)	[mʊ'rɛl]
melone (m)	melon (m)	[me'lun]
pompelmo (m)	grapefrukt (m/f)	['grɛjp͵frʉkt]
avocado (m)	avokado (m)	[ɑvɔ'kɑdɔ]
papaia (f)	papaya (m)	[pɑ'pɑjɑ]
mango (m)	mango (m)	['mɑŋu]
melagrana (f)	granateple (n)	[grɑ'nɑt͵ɛplə]
ribes (m) rosso	rips (m)	['rips]
ribes (m) nero	solbær (n)	['sʊl͵bær]
uva (f) spina	stikkelsbær (n)	['stikəls͵bær]
mirtillo (m)	blåbær (n)	['blɔ͵bær]
mora (f)	bjørnebær (m)	['bjœːŋə͵bær]
uvetta (f)	rosin (m)	[rʊ'sin]
fico (m)	fiken (m)	['fikən]
dattero (m)	daddel (m)	['dɑdəl]
arachide (f)	jordnøtt (m)	['juːr͵nœt]
mandorla (f)	mandel (m)	['mɑndəl]
noce (f)	valnøtt (m/f)	['vɑl͵nœt]
nocciola (f)	hasselnøtt (m/f)	['hɑsəl͵nœt]
noce (f) di cocco	kokosnøtt (m/f)	['kʊkʊs͵nœt]
pistacchi (m pl)	pistasier (m pl)	[pi'stɑʂiər]

56. Pane. Dolci

pasticceria (f)	bakevarer (m/f pl)	['bɑkə͵vɑrər]
pane (m)	brød (n)	['brø]
biscotti (m pl)	kjeks (m)	['çɛks]
cioccolato (m)	sjokolade (m)	[ʂʊkʊ'lɑdə]
al cioccolato (agg)	sjokolade-	[ʂʊkʊ'lɑdə-]

caramella (f)	sukkertøy (n), karamell (m)	['sʉkə:tøj], [kara'mɛl]
tortina (f)	kake (m/f)	['kakə]
torta (f)	bløtkake (m/f)	['bløt‚kakə]

| crostata (f) | pai (m) | ['paj] |
| ripieno (m) | fyll (m/n) | ['fʏl] |

marmellata (f)	syltetøy (n)	['syltə‚tøj]
marmellata (f) di agrumi	marmelade (m)	[marme'ladə]
wafer (m)	vaffel (m)	['vafəl]
gelato (m)	iskrem (m)	['iskrɛm]
budino (m)	pudding (m)	['pʉdiŋ]

57. Spezie

sale (m)	salt (n)	['salt]
salato (agg)	salt	['salt]
salare (vt)	å salte	[ɔ 'saltə]

pepe (m) nero	svart pepper (m)	['sva:t 'pɛpər]
peperoncino (m)	rød pepper (m)	['rø 'pɛpər]
senape (f)	sennep (m)	['sɛnəp]
cren (m)	pepperrot (m/f)	['pɛpər‚rʊt]

condimento (m)	krydder (n)	['krʏdər]
spezie (f pl)	krydder (n)	['krʏdər]
salsa (f)	saus (m)	['saʊs]
aceto (m)	eddik (m)	['ɛdik]

anice (m)	anis (m)	['anis]
basilico (m)	basilik (m)	[basi'lik]
chiodi (m pl) di garofano	nellik (m)	['nɛlik]
zenzero (m)	ingefær (m)	['iŋə‚fær]
coriandolo (m)	koriander (m)	[kʊri'andər]
cannella (f)	kanel (m)	[ka'nel]

sesamo (m)	sesam (m)	['sesam]
alloro (m)	laurbærblad (n)	['laʊrbær‚bla]
paprica (f)	paprika (m)	['paprika]
cumino (m)	karve, kummin (m)	['karvə], ['kʉmin]
zafferano (m)	safran (m)	[sa'fran]

INFORMAZIONI PERSONALI. FAMIGLIA

58. Informazioni personali. Moduli

nome (m)	navn (n)	['navn]
cognome (m)	etternavn (n)	['ɛtə‚ŋavn]
data (f) di nascita	fødselsdato (m)	['føtsəls‚datʊ]
luogo (m) di nascita	fødested (n)	['fødə‚sted]
nazionalità (f)	nasjonalitet (m)	[naʂʊnali'tet]
domicilio (m)	bosted (n)	['bʊ‚sted]
paese (m)	land (n)	['lan]
professione (f)	yrke (n), profesjon (m)	['yrkə], [prʊfe'ʂʊn]
sesso (m)	kjønn (n)	['çœn]
statura (f)	høyde (m)	['højdə]
peso (m)	vekt (m)	['vɛkt]

59. Membri della famiglia. Parenti

madre (f)	mor (m/f)	['mʊr]
padre (m)	far (m)	['far]
figlio (m)	sønn (m)	['sœn]
figlia (f)	datter (m/f)	['datər]
figlia (f) minore	yngste datter (m/f)	['yŋstə 'datər]
figlio (m) minore	yngste sønn (m)	['yŋstə 'sœn]
figlia (f) maggiore	eldste datter (m/f)	['ɛlstə 'datər]
figlio (m) maggiore	eldste sønn (m)	['ɛlstə 'sœn]
fratello (m)	bror (m)	['brʊr]
fratello (m) maggiore	eldre bror (m)	['ɛldrə ‚brʊr]
fratello (m) minore	lillebror (m)	['lilə‚brʊr]
sorella (f)	søster (m/f)	['søstər]
sorella (f) maggiore	eldre søster (m/f)	['ɛldrə ‚søstər]
sorella (f) minore	lillesøster (m/f)	['lilə‚søstər]
cugino (m)	fetter (m/f)	['fɛtər]
cugina (f)	kusine (m)	[kʉ'sine]
mamma (f)	mamma (m)	['mama]
papà (m)	pappa (m)	['papa]
genitori (m pl)	foreldre (pl)	[for'ɛldrə]
bambino (m)	barn (n)	['baːɳ]
bambini (m pl)	barn (n pl)	['baːɳ]
nonna (f)	bestemor (m)	['bɛstə‚mʊr]
nonno (m)	bestefar (m)	['bɛstə‚far]
nipote (m) (figlio di un figlio)	barnebarn (n)	['baːɳə‚baːɳ]

nipote (f)	barnebarn (n)	['bɑːŋə,bɑːŋ]
nipoti (pl)	barnebarn (n pl)	['bɑːŋə,bɑːŋ]

zio (m)	onkel (m)	['ʊnkəl]
zia (f)	tante (m/f)	['tɑntə]
nipote (m) (figlio di un fratello)	nevø (m)	[ne'vø]
nipote (f)	niese (m/f)	[ni'esə]

suocera (f)	svigermor (m/f)	['sviɡər,mʊr]
suocero (m)	svigerfar (m)	['sviɡər,fɑr]
genero (m)	svigersønn (m)	['sviɡər,sœn]
matrigna (f)	stemor (m/f)	['ste,mʊr]
patrigno (m)	stefar (m)	['ste,fɑr]

neonato (m)	brystbarn (n)	['brʏst,bɑːŋ]
infante (m)	spedbarn (n)	['spe,bɑːŋ]
bimbo (m), ragazzino (m)	lite barn (n)	['litə 'bɑːŋ]

moglie (f)	kone (m/f)	['kʊnə]
marito (m)	mann (m)	['mɑn]
coniuge (m)	ektemann (m)	['ɛktə,mɑn]
coniuge (f)	hustru (m)	['hʉstrʉ]

sposato (agg)	gift	['jift]
sposata (agg)	gift	['jift]
celibe (agg)	ugift	[ʉ·'jift]
scapolo (m)	ungkar (m)	['ʉŋ,kɑr]
divorziato (agg)	fraskilt	['frɑ,ʂilt]
vedova (f)	enke (m)	['ɛnkə]
vedovo (m)	enkemann (m)	['ɛnkə,mɑn]

parente (m)	slektning (m)	['ʂlektniŋ]
parente (m) stretto	nær slektning (m)	['nær 'slektniŋ]
parente (m) lontano	fjern slektning (m)	['fjæːŋ 'slektniŋ]
parenti (m pl)	slektninger (m pl)	['ʂlektniŋər]

orfano (m), orfana (f)	foreldreløst barn (n)	[for'ɛldrəløst ,bɑːŋ]
tutore (m)	formynder (m)	['for,mʏnər]
adottare (~ un bambino)	å adoptere	[ɔ adɔp'terə]
adottare (~ una bambina)	å adoptere	[ɔ adɔp'terə]

60. Amici. Colleghi

amico (m)	venn (m)	['vɛn]
amica (f)	venninne (m/f)	[vɛ'ninə]
amicizia (f)	vennskap (n)	['vɛn,skɑp]
essere amici	å være venner	[ɔ 'værə 'vɛnər]

amico (m) (inform.)	venn (m)	['vɛn]
amica (f) (inform.)	venninne (m/f)	[vɛ'ninə]
partner (m)	partner (m)	['pɑːtnər]

capo (m)	sjef (m)	['ʂɛf]
capo (m), superiore (m)	overordnet (m)	['ɔver,ɔrdnet]

proprietario (m)	eier (m)	['æjər]
subordinato (m)	underordnet (m)	['ʉnər‚ɔrdnet]
collega (m)	kollega (m)	[kʊ'lega]
conoscente (m)	bekjent (m)	[be'çɛnt]
compagno (m) di viaggio	medpassasjer (m)	['me‚pasa'ʂɛr]
compagno (m) di classe	klassekamerat (m)	['klasə‚kamə'rɑːt]
vicino (m)	nabo (m)	['nabʊ]
vicina (f)	nabo (m)	['nabʊ]
vicini (m pl)	naboer (m pl)	['nabʊər]

CORPO UMANO. MEDICINALI

61. Testa

testa (f)	hode (n)	['hʊdə]
viso (m)	ansikt (n)	['ansikt]
naso (m)	nese (m/f)	['nese]
bocca (f)	munn (m)	['mʉn]
occhio (m)	øye (n)	['øjə]
occhi (m pl)	øyne (n pl)	['øjnə]
pupilla (f)	pupill (m)	[pʉ'pil]
sopracciglio (m)	øyenbryn (n)	['øjən,bryn]
ciglio (m)	øyenvipp (m)	['øjən,vip]
palpebra (f)	øyelokk (m)	['øjə,lɔk]
lingua (f)	tunge (m/f)	['tʉŋə]
dente (m)	tann (m/f)	['tan]
labbra (f pl)	lepper (m/f pl)	['lepər]
zigomi (m pl)	kinnbein (n pl)	['çin,bæjn]
gengiva (f)	tannkjøtt (n)	['tan,çœt]
palato (m)	gane (m)	['ganə]
narici (f pl)	nesebor (n pl)	['nesə,bʊr]
mento (m)	hake (m/f)	['hakə]
mascella (f)	kjeve (m)	['çɛvə]
guancia (f)	kinn (n)	['çin]
fronte (f)	panne (m/f)	['panə]
tempia (f)	tinning (m)	['tiniŋ]
orecchio (m)	øre (n)	['ørə]
nuca (f)	bakhode (n)	['bak,hodə]
collo (m)	hals (m)	['hals]
gola (f)	strupe, hals (m)	['strʉpə], ['hals]
capelli (m pl)	hår (n pl)	['hɔr]
pettinatura (f)	frisyre (m)	[fri'syrə]
taglio (m)	hårfasong (m)	['hoːrfa,sɔŋ]
parrucca (f)	parykk (m)	[pa'rʏk]
baffi (m pl)	mustasje (m)	[mʉ'staʂə]
barba (f)	skjegg (n)	['ʂɛg]
portare (~ la barba, ecc.)	å ha	[ɔ 'ha]
treccia (f)	flette (m/f)	['fletə]
basette (f pl)	bakkenbarter (pl)	['bakən,baːʈər]
rosso (agg)	rødhåret	['rø,hoːrət]
brizzolato (agg)	grå	['grɔ]
calvo (agg)	skallet	['skalət]
calvizie (f)	skallet flekk (m)	['skalət ,flek]

| coda (f) di cavallo | hestehale (m) | ['hɛstə,halə] |
| frangetta (f) | pannelugg (m) | ['panə,lʉg] |

62. Corpo umano

| mano (f) | hånd (m/f) | ['hɔn] |
| braccio (m) | arm (m) | ['arm] |

dito (m)	finger (m)	['fiŋər]
dito (m) del piede	tå (m/f)	['tɔ]
pollice (m)	tommel (m)	['tɔməl]
mignolo (m)	lillefinger (m)	['lilə,fiŋər]
unghia (f)	negl (m)	['nɛjl]

pugno (m)	knyttneve (m)	['knʏt,nevə]
palmo (m)	håndflate (m/f)	['hɔn,flatə]
polso (m)	håndledd (n)	['hɔn,led]
avambraccio (m)	underarm (m)	['ʉnər,arm]
gomito (m)	albue (m)	['al,bʉe]
spalla (f)	skulder (m)	['skʉldər]

gamba (f)	bein (n)	['bæjn]
pianta (f) del piede	fot (m)	['fʉt]
ginocchio (m)	kne (n)	['knɛ]
polpaccio (m)	legg (m)	['leg]
anca (f)	hofte (m)	['hoftə]
tallone (m)	hæl (m)	['hæl]

corpo (m)	kropp (m)	['krɔp]
pancia (f)	mage (m)	['magə]
petto (m)	bryst (n)	['brʏst]
seno (m)	bryst (n)	['brʏst]
fianco (m)	side (m/f)	['sidə]
schiena (f)	rygg (m)	['rʏg]
zona (f) lombare	korsrygg (m)	['kɔːʂ,rʏg]
vita (f)	liv (n), midje (m/f)	['liv], ['midjə]

ombelico (m)	navle (m)	['navlə]
natiche (f pl)	rumpeballer (m pl)	['rʉmpə,balər]
sedere (m)	bak (m)	['bak]

neo (m)	føflekk (m)	['fø,flek]
voglia (f) (~ di fragola)	fødselsmerke (n)	['føtsəls,mærke]
tatuaggio (m)	tatovering (m/f)	[tatʉ'vɛriŋ]
cicatrice (f)	arr (n)	['ar]

63. Malattie

malattia (f)	sykdom (m)	['sʏk,dɔm]
essere malato	å være syk	[ɔ 'værə 'syk]
salute (f)	helse (m/f)	['hɛlsə]
raffreddore (m)	snue (m)	['snʉe]

Italiano	Norvegese	Pronuncia
tonsillite (f)	angina (m)	[an'gina]
raffreddore (m)	forkjølelse (m)	[fɔr'çœləlsə]
raffreddarsi (vr)	å forkjøle seg	[ɔ fɔr'çœlə sæj]
bronchite (f)	bronkitt (m)	[brɔn'kit]
polmonite (f)	lungebetennelse (m)	['lʉŋə be'tɛnəlsə]
influenza (f)	influensa (m)	[inflʉ'ɛnsa]
miope (agg)	nærsynt	['næˌsʏnt]
presbite (agg)	langsynt	['laŋsʏnt]
strabismo (m)	skjeløydhet (m)	['ʂɛløjdˌhet]
strabico (agg)	skjeløyd	['ʂɛlˌøjd]
cateratta (f)	grå stær, katarakt (m)	['grɔ ˌstær], [kata'rakt]
glaucoma (m)	glaukom (n)	[glaʉ'kɔm]
ictus (m) cerebrale	hjerneslag (n)	['jæːŋəˌslag]
attacco (m) di cuore	infarkt (n)	[in'farkt]
infarto (m) miocardico	myokardieinfarkt (n)	['miɔ'kardiə in'farkt]
paralisi (f)	paralyse, lammelse (m)	['para'lysə], ['laməlsə]
paralizzare (vt)	å lamme	[ɔ 'lamə]
allergia (f)	allergi (m)	[alæː'gi]
asma (f)	astma (m)	['astma]
diabete (m)	diabetes (m)	[dia'betəs]
mal (m) di denti	tannpine (m/f)	['tanˌpinə]
carie (f)	karies (m)	['karies]
diarrea (f)	diaré (m)	[dia'rɛ]
stitichezza (f)	forstoppelse (m)	[fo'stɔpəlsə]
disturbo (m) gastrico	magebesvær (m)	['magəˌbe'svær]
intossicazione (f) alimentare	matforgiftning (m/f)	['matˌfor'jiftniŋ]
intossicarsi (vr)	å få matforgiftning	[ɔ 'fɔ matˌfor'jiftniŋ]
artrite (f)	artritt (m)	[aːˈt'rit]
rachitide (f)	rakitt (m)	[ra'kit]
reumatismo (m)	revmatisme (m)	[revma'tismə]
aterosclerosi (f)	arteriosklerose (m)	[aː'ʈeriʉskleˌrʉsə]
gastrite (f)	magekatarr, gastritt (m)	['magəkaˌtar], [ˌga'strit]
appendicite (f)	appendisitt (m)	[apɛndi'sit]
colecistite (f)	galleblærebetennelse (m)	['galəˌblærə be'tɛnəlsə]
ulcera (f)	magesår (n)	['magəˌsɔr]
morbillo (m)	meslinger (m pl)	['mɛsˌliŋər]
rosolia (f)	røde hunder (m pl)	['rødə 'hʉnər]
itterizia (f)	gulsott (m/f)	['gʉlˌsʊt]
epatite (f)	hepatitt (m)	[hepa'tit]
schizofrenia (f)	schizofreni (m)	[ʂisʉfre'ni]
rabbia (f)	rabies (m)	['rabies]
nevrosi (f)	nevrose (m)	[nev'rʉsə]
commozione (f) cerebrale	hjernerystelse (m)	['jæːŋəˌrʏstəlsə]
cancro (m)	kreft, cancer (m)	['krɛft], ['kansər]
sclerosi (f)	sklerose (m)	[skle'rʉsə]

sclerosi (f) multipla	multippel sklerose (m)	[muɬ'tipəl skle'rʉsə]
alcolismo (m)	alkoholisme (m)	[alkʉhʉ'lismə]
alcolizzato (m)	alkoholiker (m)	[alkʉ'hʉlikər]
sifilide (f)	syfilis (m)	['syfilis]
AIDS (m)	AIDS, aids (m)	['ɛjds]

tumore (m)	svulst, tumor (m)	['svuɬst], [tʉ'mʊr]
maligno (agg)	ondartet, malign	['ʊɳˌɑːʈət], [ma'lign]
benigno (agg)	godartet	['gʊˌɑːʈət]

febbre (f)	feber (m)	['febər]
malaria (f)	malaria (m)	[ma'lɑria]
cancrena (f)	koldbrann (m)	['kɔlbran]
mal (m) di mare	sjøsyke (m)	['ʂøˌsykə]
epilessia (f)	epilepsi (m)	[ɛpilep'si]

epidemia (f)	epidemi (m)	[ɛpide'mi]
tifo (m)	tyfus (m)	['tyfʉs]
tubercolosi (f)	tuberkulose (m)	[tubærkʉ'lɔsə]
colera (m)	kolera (m)	['kʉlera]
peste (f)	pest (m)	['pɛst]

64. Sintomi. Cure. Parte 1

sintomo (m)	symptom (n)	[sʏmp'tʉm]
temperatura (f)	temperatur (m)	[tɛmpəra'tʉr]
febbre (f) alta	høy temperatur (m)	['høj tɛmpəra'tʉr]
polso (m)	puls (m)	['pʉls]

capogiro (m)	svimmelhet (m)	['sviməlˌhet]
caldo (agg)	varm	['varm]
brivido (m)	skjelving (m/f)	['ʂɛlviŋ]
pallido (un viso ~)	blek	['blek]

tosse (f)	hoste (m)	['hʉstə]
tossire (vi)	å hoste	[ɔ 'hʉstə]
starnutire (vi)	å nyse	[ɔ 'nysə]
svenimento (m)	besvimelse (m)	[bɛ'sviməlsə]
svenire (vi)	å besvime	[ɔ be'svimə]

livido (m)	blåmerke (n)	['blɔˌmærkə]
bernoccolo (m)	bule (m)	['bʉlə]
farsi un livido	å slå seg	[ɔ 'ʂlɔ sæj]
contusione (f)	blåmerke (n)	['blɔˌmærkə]
farsi male	å slå seg	[ɔ 'ʂlɔ sæj]

zoppicare (vi)	å halte	[ɔ 'haltə]
slogatura (f)	forvridning (m)	[fɔr'vridniŋ]
slogarsi (vr)	å forvri	[ɔ fɔr'vri]
frattura (f)	brudd (n), fraktur (m)	['brʉd], [frak'tʉr]
fratturarsi (vr)	å få brudd	[ɔ 'fɔ 'brʉd]

taglio (m)	skjæresår (n)	['ʂæːrəˌsɔr]
tagliarsi (vr)	å skjære seg	[ɔ 'ʂæːrə sæj]

emorragia (f)	blødning (m/f)	['blødniŋ]
scottatura (f)	brannsår (n)	['branˌsɔr]
scottarsi (vr)	å brenne seg	[ɔ 'brɛnə sæj]

pungere (vt)	å stikke	[ɔ 'stikə]
pungersi (vr)	å stikke seg	[ɔ 'stikə sæj]
ferire (vt)	å skade	[ɔ 'skɑdə]
ferita (f)	skade (n)	['skɑdə]
lesione (f)	sår (n)	['sɔr]
trauma (m)	traume (m)	['traʊmə]

delirare (vi)	å snakke i villelse	[ɔ 'snɑkə i 'viləlsə]
tartagliare (vi)	å stamme	[ɔ 'stɑmə]
colpo (m) di sole	solstikk (n)	['sʊlˌstik]

65. Sintomi. Cure. Parte 2

| dolore (m), male (m) | smerte (m) | ['smæːʈə] |
| scheggia (f) | flis (m/f) | ['flis] |

sudore (m)	svette (m)	['svɛtə]
sudare (vi)	å svette	[ɔ 'svɛtə]
vomito (m)	oppkast (n)	['ɔpˌkɑst]
convulsioni (f pl)	kramper (m pl)	['krɑmpər]

incinta (agg)	gravid	[grɑ'vid]
nascere (vi)	å fødes	[ɔ 'fødə]
parto (m)	fødsel (m)	['føtsəl]
essere in travaglio di parto	å føde	[ɔ 'fødə]
aborto (m)	abort (m)	[a'bɔːʈ]

respirazione (f)	åndedrett (n)	['ɔŋdəˌdrɛt]
inspirazione (f)	innånding (m/f)	['inˌɔniŋ]
espirazione (f)	utånding (m/f)	['ʉtˌɔndiŋ]
espirare (vi)	å puste ut	[ɔ 'pʉstə ʉt]
inspirare (vi)	å ånde inn	[ɔ 'ɔŋdə ˌin]

invalido (m)	handikappet person (m)	['hɑndiˌkɑpət pæ'ʂʊn]
storpio (m)	krøpling (m)	['krøpliŋ]
drogato (m)	narkoman (m)	[nɑrkʉ'mɑn]

sordo (agg)	døv	['døv]
muto (agg)	stum	['stʉm]
sordomuto (agg)	døvstum	['døfˌstʉm]

matto (agg)	gal	['gɑl]
matto (m)	gal mann (m)	['gɑl ˌmɑn]
matta (f)	gal kvinne (m/f)	['gɑl ˌkvinə]
impazzire (vi)	å bli sinnssyk	[ɔ 'bli 'sinˌsyk]

gene (m)	gen (m)	['gen]
immunità (f)	immunitet (m)	[imʉni'tet]
ereditario (agg)	arvelig	['ɑrvəli]
innato (agg)	medfødt	['meːˌføt]

virus (m)	virus (m)	['virʉs]
microbo (m)	mikrobe (m)	[mi'krʊbə]
batterio (m)	bakterie (m)	[bɑk'teriə]
infezione (f)	infeksjon (m)	[infɛk'ʂʊn]

66. Sintomi. Cure. Parte 3

ospedale (m)	sykehus (n)	['sykə,hʉs]
paziente (m)	pasient (m)	[pɑsi'ɛnt]

diagnosi (f)	diagnose (m)	[diɑ'gnʊsə]
cura (f)	kur (m)	['kʉr]
trattamento (m)	behandling (m/f)	[be'hɑndliŋ]
curarsi (vr)	å bli behandlet	[ɔ 'bli be'hɑndlət]
curare (vt)	å behandle	[ɔ be'hɑndlə]
accudire (un malato)	å skjøtte	[ɔ 'ʂøtə]
assistenza (f)	sykepleie (m/f)	['sykə,plæjə]

operazione (f)	operasjon (m)	[ɔpərɑ'ʂʊn]
bendare (vt)	å forbinde	[ɔ fɔr'binə]
fasciatura (f)	forbinding (m)	[fɔr'biniŋ]

vaccinazione (f)	vaksinering (m/f)	[vɑksi'neriŋ]
vaccinare (vt)	å vaksinere	[ɔ vɑksi'nerə]
iniezione (f)	injeksjon (m), sprøyte (m/f)	[injɛk'ʂʊn], ['sprøjtə]
fare una puntura	å gi en sprøyte	[ɔ 'ji en 'sprøjtə]

attacco (m) (~ epilettico)	anfall (n)	['ɑn,fɑl]
amputazione (f)	amputasjon (m)	[ɑmpʉtɑ'ʂʊn]
amputare (vt)	å amputere	[ɔ ɑmpʉ'terə]
coma (m)	koma (m)	['kʊmɑ]
essere in coma	å ligge i koma	[ɔ 'lige i 'kʊmɑ]
rianimazione (f)	intensivavdeling (m/f)	['inten,siv 'ɑv,deliŋ]

guarire (vi)	å bli frisk	[ɔ 'bli 'frisk]
stato (f) (del paziente)	tilstand (m)	['til,stɑn]
conoscenza (f)	bevissthet (m)	[be'vist,het]
memoria (f)	minne (n), hukommelse (m)	['minə], [hʉ'kɔməlsə]

estrarre (~ un dente)	å trekke ut	[ɔ 'trɛkə ʉt]
otturazione (f)	fylling (m/f)	['fʏliŋ]
otturare (vt)	å plombere	[ɔ plʊm'berə]

ipnosi (f)	hypnose (m)	[hʏp'nʊsə]
ipnotizzare (vt)	å hypnotisere	[ɔ hʏpnʊti'serə]

67. Medicinali. Farmaci. Accessori

medicina (f)	medisin (m)	[medi'sin]
rimedio (m)	middel (n)	['midəl]
prescrivere (vt)	å ordinere	[ɔ ɔrdi'nerə]
prescrizione (f)	resept (m)	[re'sɛpt]

compressa (f)	tablett (m)	[tab'let]
unguento (m)	salve (m/f)	['salvə]
fiala (f)	ampulle (m)	[am'pʉlə]
pozione (f)	mikstur (m)	[miks'tʉr]
sciroppo (m)	sirup (m)	['sirʉp]
pillola (f)	pille (m/f)	['pilə]
polverina (f)	pulver (n)	['pʉlvər]

benda (f)	gasbind (n)	['gas‚bin]
ovatta (f)	vatt (m/n)	['vat]
iodio (m)	jod (m/n)	['ʉd]

cerotto (m)	plaster (n)	['plastər]
contagocce (m)	pipette (m)	[pi'pɛtə]
termometro (m)	termometer (n)	[tɛrmʉ'metər]
siringa (f)	sprøyte (m/f)	['sprøjtə]

| sedia (f) a rotelle | rullestol (m) | ['rʉlə‚stʊl] |
| stampelle (f pl) | krykker (m/f pl) | ['krʏkər] |

analgesico (m)	smertestillende middel (n)	['smæ:tə‚stilenə 'midəl]
lassativo (m)	laksativ (n)	[laksa'tiv]
alcol (m)	sprit (m)	['sprit]
erba (f) officinale	legeurter (m/f pl)	['legə‚ʉ:tər]
d'erbe (infuso ~)	urte-	['ʉ:tə-]

APPARTAMENTO

68. Appartamento

appartamento (m)	leilighet (m/f)	['læjli‚het]
camera (f), stanza (f)	rom (n)	['rʊm]
camera (f) da letto	soverom (n)	['sɔvə‚rʊm]
sala (f) da pranzo	spisestue (m/f)	['spisə‚stʉə]
salotto (m)	dagligstue (m/f)	['dɑgli‚stʉə]
studio (m)	arbeidsrom (n)	['ɑrbæjds‚rʊm]
ingresso (m)	entré (m)	[ɑn'trɛ:]
bagno (m)	bad, baderom (n)	['bɑd], ['bɑdə‚rʊm]
gabinetto (m)	toalett, WC (n)	[tʊɑ'let], [vɛ'sɛ]
soffitto (m)	tak (n)	['tɑk]
pavimento (m)	gulv (n)	['gʉlv]
angolo (m)	hjørne (n)	['jœ:ɳə]

69. Arredamento. Interno

mobili (m pl)	møbler (n pl)	['møblər]
tavolo (m)	bord (n)	['bʊr]
sedia (f)	stol (m)	['stʊl]
letto (m)	seng (m/f)	['sɛŋ]
divano (m)	sofa (m)	['sʊfa]
poltrona (f)	lenestol (m)	['lenə‚stʊl]
libreria (f)	bokskap (n)	['bʊk‚skɑp]
ripiano (m)	hylle (m/f)	['hʏlə]
armadio (m)	klesskap (n)	['kle‚skɑp]
attaccapanni (m) da parete	knaggbrett (n)	['knɑg‚brɛt]
appendiabiti (m) da terra	stumtjener (m)	['stʉm‚tjenər]
comò (m)	kommode (m)	[kʊ'mʊdə]
tavolino (m) da salotto	kaffebord (n)	['kɑfə‚bʊr]
specchio (m)	speil (n)	['spæjl]
tappeto (m)	teppe (n)	['tɛpə]
tappetino (m)	lite teppe (n)	['litə 'tɛpə]
camino (m)	peis (m), ildsted (n)	['pæjs], ['ilsted]
candela (f)	lys (n)	['lys]
candeliere (m)	lysestake (m)	['lysə‚stɑkə]
tende (f pl)	gardiner (m/f pl)	[gɑ'ɖinər]
carta (f) da parati	tapet (n)	[tɑ'pet]

tende (f pl) alla veneziana	persienne (m)	[pæʂi'enə]
lampada (f) da tavolo	bordlampe (m/f)	['buɾ‚lampə]
lampada (f) da parete	vegglampe (m/f)	['vɛg‚lampə]
lampada (f) a stelo	gulvlampe (m/f)	['gʉlv‚lampə]
lampadario (m)	lysekrone (m/f)	['lysə‚kɾʊnə]
gamba (f)	bein (n)	['bæjn]
bracciolo (m)	armlene (n)	['arm‚lenə]
spalliera (f)	rygg (m)	['rʏg]
cassetto (m)	skuff (m)	['skʉf]

70. Biancheria da letto

biancheria (f) da letto	sengetøy (n)	['sɛŋə‚tøj]
cuscino (m)	pute (m/f)	['pʉtə]
federa (f)	putevar, putetrekk (n)	['pʉtə‚var], ['pʉtə‚trɛk]
coperta (f)	dyne (m/f)	['dynə]
lenzuolo (m)	laken (n)	['lakən]
copriletto (m)	sengeteppe (n)	['sɛŋə‚tɛpə]

71. Cucina

cucina (f)	kjøkken (n)	['çœkən]
gas (m)	gass (m)	['gas]
fornello (m) a gas	gasskomfyr (m)	['gas kɔm‚fyr]
fornello (m) elettrico	elektrisk komfyr (m)	[ɛ'lektrisk kɔm‚fyr]
forno (m)	bakeovn (m)	['bakə‚ɔvn]
forno (m) a microonde	mikrobølgeovn (m)	['mikrʊ‚bølgə'ɔvn]
frigorifero (m)	kjøleskap (n)	['çœlə‚skap]
congelatore (m)	fryser (m)	['frysər]
lavastoviglie (f)	oppvaskmaskin (m)	['ɔpvask ma‚ʂin]
tritacarne (m)	kjøttkvern (m/f)	['çœt‚kvɛːɳ]
spremifrutta (m)	juicepresse (m/f)	['dʒʉs‚prɛsə]
tostapane (m)	brødrister (m)	['brø‚ristər]
mixer (m)	mikser (m)	['miksər]
macchina (f) da caffè	kaffetrakter (m)	['kafə‚traktər]
caffettiera (f)	kaffekanne (m/f)	['kafə‚kanə]
macinacaffè (m)	kaffekvern (m/f)	['kafə‚kvɛːɳ]
bollitore (m)	tekjele (m)	['te‚çelə]
teiera (f)	tekanne (m/f)	['te‚kanə]
coperchio (m)	lokk (n)	['lɔk]
colino (m) da tè	tesil (m)	['te‚sil]
cucchiaio (m)	skje (m)	['ʂe]
cucchiaino (m) da tè	teskje (m)	['te‚ʂe]
cucchiaio (m)	spiseskje (m)	['spisə‚ʂɛ]
forchetta (f)	gaffel (m)	['gafəl]
coltello (m)	kniv (m)	['kniv]

stoviglie (f pl)	servise (n)	[sær'visə]
piatto (m)	tallerken (m)	[ta'lærkən]
piattino (m)	tefat (n)	['te,fat]
cicchetto (m)	shotglass (n)	['ʂɔt,glas]
bicchiere (m) (~ d'acqua)	glass (n)	['glas]
tazzina (f)	kopp (m)	['kɔp]
zuccheriera (f)	sukkerskål (m/f)	['sʉkər,skɔl]
saliera (f)	saltbøsse (m/f)	['salt,bøsə]
pepiera (f)	pepperbøsse (m/f)	['pɛpər,bøsə]
burriera (f)	smørkopp (m)	['smœr,kɔp]
pentola (f)	gryte (m/f)	['grytə]
padella (f)	steikepanne (m/f)	['stæjkə,panə]
mestolo (m)	sleiv (m/f)	['ʂlæjv]
colapasta (m)	dørslag (n)	['dœʂlag]
vassoio (m)	brett (n)	['brɛt]
bottiglia (f)	flaske (m)	['flaskə]
barattolo (m) di vetro	glasskrukke (m/f)	['glas,krʉkə]
latta, lattina (f)	boks (m)	['bɔks]
apribottiglie (m)	flaskeåpner (m)	['flaskə,ɔpnər]
apriscatole (m)	konservåpner (m)	['kʉnsəv,ɔpnər]
cavatappi (m)	korketrekker (m)	['kɔrkə,trɛkər]
filtro (m)	filter (n)	['filtər]
filtrare (vt)	å filtrere	[ɔ fil'trerə]
spazzatura (f)	søppel (m/f/n)	['sœpəl]
pattumiera (f)	søppelbøtte (m/f)	['sœpəl,bœtə]

72. Bagno

bagno (m)	bad, baderom (n)	['bad], ['badə,rʉm]
acqua (f)	vann (n)	['van]
rubinetto (m)	kran (m/f)	['kran]
acqua (f) calda	varmt vann (n)	['varmt ,van]
acqua (f) fredda	kaldt vann (n)	['kalt van]
dentifricio (m)	tannpasta (m)	['tan,pasta]
lavarsi i denti	å pusse tennene	[ɔ 'pʉsə 'tɛnənə]
spazzolino (m) da denti	tannbørste (m)	['tan,bœʂtə]
rasarsi (vr)	å barbere seg	[ɔ bar'berə sæj]
schiuma (f) da barba	barberskum (n)	[bar'bɛ,skʉm]
rasoio (m)	høvel (m)	['høvəl]
lavare (vt)	å vaske	[ɔ 'vaskə]
fare un bagno	å vaske seg	[ɔ 'vaskə sæj]
doccia (f)	dusj (m)	['dʉʂ]
fare una doccia	å ta en dusj	[ɔ 'ta en 'dʉʂ]
vasca (f) da bagno	badekar (n)	['badə,kar]
water (m)	toalettstol (m)	[tʊa'let,stʊl]

lavandino (m)	vaskeservant (m)	['vaskə,sɛr'vant]
sapone (m)	såpe (m/f)	['so:pə]
porta (m) sapone	såpeskål (m/f)	['so:pə,skɔl]

spugna (f)	svamp (m)	['svamp]
shampoo (m)	sjampo (m)	['şam,pʊ]
asciugamano (m)	håndkle (n)	['hɔn,kle]
accappatoio (m)	badekåpe (m/f)	['badə,ko:pə]

bucato (m)	vask (m)	['vask]
lavatrice (f)	vaskemaskin (m)	['vaskə ma,şin]
fare il bucato	å vaske tøy	[ɔ 'vaskə 'tøj]
detersivo (m) per il bucato	vaskepulver (n)	['vaskə,pulvər]

73. Elettrodomestici

televisore (m)	TV (m), TV-apparat (n)	['tɛvɛ], ['tɛvɛ apa'rat]
registratore (m) a nastro	båndopptaker (m)	['bɔn,ɔptakər]
videoregistratore (m)	video (m)	['videʊ]
radio (f)	radio (m)	['radiʊ]
lettore (m)	spiller (m)	['spilər]

videoproiettore (m)	videoprojektor (m)	['videʊ prɔ'jɛktɔr]
home cinema (m)	hjemmekino (m)	['jɛmə,çinʊ]
lettore (m) DVD	DVD-spiller (m)	[deve'de ,spilər]
amplificatore (m)	forsterker (m)	[fɔ'ştærkər]
console (f) video giochi	spillkonsoll (m)	['spil kʊn'sɔl]

videocamera (f)	videokamera (n)	['videʊ ,kamera]
macchina (f) fotografica	kamera (n)	['kamera]
fotocamera (f) digitale	digitalkamera (n)	[digi'tal ,kamera]

aspirapolvere (m)	støvsuger (m)	['støf,sʉgər]
ferro (m) da stiro	strykejern (n)	['strykə,jæ:n̩]
asse (f) da stiro	strykebrett (n)	['strykə,brɛt]

telefono (m)	telefon (m)	[tele'fʊn]
telefonino (m)	mobiltelefon (m)	[mʊ'bil tele'fʊn]
macchina (f) da scrivere	skrivemaskin (m)	['skrivə ma,şin]
macchina (f) da cucire	symaskin (m)	['si:ma,şin]

microfono (m)	mikrofon (m)	[mikrʊ'fʊn]
cuffia (f)	hodetelefoner (n pl)	['hɔdətelə,fʊnər]
telecomando (m)	fjernkontroll (m)	['fjæ:n̩ kʊn'trɔl]

CD (m)	CD-rom (m)	['sɛdɛ,rʊm]
cassetta (f)	kassett (m)	[ka'sɛt]
disco (m) (vinile)	plate, skive (m/f)	['platə], ['şivə]

LA TERRA. TEMPO

74. L'Universo

cosmo (m)	rommet, kosmos (n)	['rʊmə], ['kɔsmɔs]
cosmico, spaziale (agg)	rom-	['rʊm-]
spazio (m) cosmico	ytre rom (n)	['ytrə ˌrʊm]
mondo (m)	verden (m)	['værdən]
universo (m)	univers (n)	[ʉni'væs]
galassia (f)	galakse (m)	[ga'lɑksə]
stella (f)	stjerne (m/f)	['stjæ:ŋə]
costellazione (f)	stjernebilde (n)	['stjæ:ŋəˌbildə]
pianeta (m)	planet (m)	[plɑ'net]
satellite (m)	satellitt (m)	[sɑtɛ'lit]
meteorite (m)	meteoritt (m)	[meteʊ'rit]
cometa (f)	komet (m)	[kʊ'met]
asteroide (m)	asteroide (n)	[ɑsterʊ'idə]
orbita (f)	bane (m)	['bɑnə]
ruotare (vi)	å rotere	[ɔ rɔ'terə]
atmosfera (f)	atmosfære (m)	[ɑtmʊ'sfærə]
il Sole	Solen	['sʊlən]
sistema (m) solare	solsystem (n)	['sʊl sʏ'stem]
eclisse (f) solare	solformørkelse (m)	['sʊl fɔr'mœrkəlsə]
la Terra	Jorden	['ju:rən]
la Luna	Månen	['mo:nən]
Marte (m)	Mars	['mɑʂ]
Venere (f)	Venus	['venʉs]
Giove (m)	Jupiter	['jʉpitər]
Saturno (m)	Saturn	['sɑˌtʉ:ŋ]
Mercurio (m)	Merkur	[mær'kʉr]
Urano (m)	Uranus	[ʉ'rɑnʉs]
Nettuno (m)	Neptun	[nɛp'tʉn]
Plutone (m)	Pluto	['plʉtʊ]
Via (f) Lattea	Melkeveien	['mɛlkəˌvæjən]
Orsa (f) Maggiore	den Store Bjørn	['dən 'stʊrə ˌbjœ:ŋ]
Stella (f) Polare	Nordstjernen, Polaris	['nʊ:rˌstjæ:ŋən], [pɔ'lɑris]
marziano (m)	marsbeboer (m)	['mɑʂˌbebʊər]
extraterrestre (m)	utenomjordisk vesen (n)	['ʉtənɔmˌju:rdisk 'vesən]
alieno (m)	romvesen (n)	['rʊmˌvesən]

disco (m) volante	flygende tallerken (m)	['flygenə ta'lærkən]
nave (f) spaziale	romskip (n)	['rʊm‚sip]
stazione (f) spaziale	romstasjon (m)	['rʊm‚sta'ʂʊn]
lancio (m)	start (m), oppskyting (m/f)	['staːt], ['ɔp‚sytiŋ]

motore (m)	motor (m)	['mɔtʊr]
ugello (m)	dyse (m)	['dysə]
combustibile (m)	brensel (n), drivstoff (n)	['brɛnsəl], ['drif‚stɔf]

| cabina (f) di pilotaggio | cockpit (m), flydekk (n) | ['kɔkpit], ['fly‚dɛk] |
| antenna (f) | antenne (m) | [an'tɛnə] |

oblò (m)	koøye (n)	['kʊ‚øjə]
batteria (f) solare	solbatteri (n)	['sʊl batɛ'ri]
scafandro (m)	romdrakt (m/f)	['rʊm‚drakt]

| imponderabilità (f) | vektløshet (m/f) | ['vɛktløs‚het] |
| ossigeno (m) | oksygen (n) | ['ɔksy'gen] |

| aggancio (m) | dokking (m/f) | ['dɔkiŋ] |
| agganciarsi (vr) | å dokke | [ɔ 'dɔkə] |

| osservatorio (m) | observatorium (n) | [ɔbsərva'tʊrium] |
| telescopio (m) | teleskop (n) | [tele'skʊp] |

| osservare (vt) | å observere | [ɔ ɔbsɛr'verə] |
| esplorare (vt) | å utforske | [ɔ 'ʉt‚føʂkə] |

75. La Terra

la Terra	Jorden	['juːrən]
globo (m) terrestre	jordklode (m)	['juːr‚klɔdə]
pianeta (m)	planet (m)	[pla'net]

atmosfera (f)	atmosfære (m)	[atmʊ'sfærə]
geografia (f)	geografi (m)	[geʊgra'fi]
natura (f)	natur (m)	[na'tʉr]

mappamondo (m)	globus (m)	['glɔbʉs]
carta (f) geografica	kart (n)	['kaːt]
atlante (m)	atlas (n)	['atlɑs]

| Europa (f) | Europa | [ɛʉ'rʊpa] |
| Asia (f) | Asia | ['ɑsia] |

| Africa (f) | Afrika | ['afrika] |
| Australia (f) | Australia | [aʊ'strɑlia] |

America (f)	Amerika	[a'merika]
America (f) del Nord	Nord-Amerika	['nuːr a'merika]
America (f) del Sud	Sør-Amerika	['sør a'merika]

| Antartide (f) | Antarktis | [an'tarktis] |
| Artico (m) | Arktis | ['arktis] |

76. Punti cardinali

nord (m)	nord (n)	['nu:r]
a nord	mot nord	[mut 'nu:r]
al nord	i nord	[i 'nu:r]
del nord (agg)	nordlig	['nu:rli]
sud (m)	syd, sør	['syd], ['sør]
a sud	mot sør	[mut 'sør]
al sud	i sør	[i 'sør]
del sud (agg)	sydlig, sørlig	['sydli], ['sø:li]
ovest (m)	vest (m)	['vɛst]
a ovest	mot vest	[mut 'vɛst]
all'ovest	i vest	[i 'vɛst]
dell'ovest, occidentale	vestlig, vest-	['vɛstli]
est (m)	øst (m)	['øst]
a est	mot øst	[mut 'øst]
all'est	i øst	[i 'øst]
dell'est, orientale	østlig	['østli]

77. Mare. Oceano

mare (m)	hav (n)	['hav]
oceano (m)	verdenshav (n)	[værdəns'hav]
golfo (m)	bukt (m/f)	['bukt]
stretto (m)	sund (n)	['sun]
terra (f) (terra firma)	fastland (n)	['fast,lan]
continente (m)	fastland, kontinent (n)	['fast,lan], [kunti'nɛnt]
isola (f)	øy (m/f)	['øj]
penisola (f)	halvøy (m/f)	['hal,ø:j]
arcipelago (m)	skjærgård (m), arkipelag (n)	['sær,gor], [arkipe'lag]
baia (f)	bukt (m/f)	['bukt]
porto (m)	havn (m/f)	['havn]
laguna (f)	lagune (m)	[la'gunə]
capo (m)	nes (n), kapp (n)	['nes], ['kap]
atollo (m)	atoll (m)	[a'tɔl]
scogliera (f)	rev (n)	['rev]
corallo (m)	korall (m)	[ku'ral]
barriera (f) corallina	korallrev (n)	[ku'ral,rɛv]
profondo (agg)	dyp	['dyp]
profondità (f)	dybde (m)	['dybdə]
abisso (m)	avgrunn (m)	['av,grun]
fossa (f) (~ delle Marianne)	dyphavsgrop (m/f)	['dyphafs,grɔp]
corrente (f)	strøm (m)	['strøm]
circondare (vt)	å omgi	[ɔ 'ɔmji]
litorale (m)	kyst (m)	['çyst]

costa (f)	kyst (m)	['çyst]
alta marea (f)	flo (m/f)	['flu]
bassa marea (f)	ebbe (m), fjære (m/f)	['ɛbə], ['fjærə]
banco (m) di sabbia	sandbanke (m)	['san,bankə]
fondo (m)	bunn (m)	['bun]

onda (f)	bølge (m)	['bølgə]
cresta (f) dell'onda	bølgekam (m)	['bølgə,kam]
schiuma (f)	skum (n)	['skum]

tempesta (f)	storm (m)	['stɔrm]
uragano (m)	orkan (m)	[ɔr'kan]
tsunami (m)	tsunami (m)	[tsu'nami]
bonaccia (f)	stille (m/f)	['stilə]
tranquillo (agg)	stille	['stilə]

polo (m)	pol (m)	['pul]
polare (agg)	pol-, polar	['pul-], [pu'lar]

latitudine (f)	bredde, latitude (m)	['brɛdə], ['lati,tudə]
longitudine (f)	lengde (m/f)	['leŋdə]
parallelo (m)	breddegrad (m)	['brɛdə,grad]
equatore (m)	ekvator (m)	[ɛ'kvatur]

cielo (m)	himmel (m)	['himəl]
orizzonte (m)	horisont (m)	[huri'sɔnt]
aria (f)	luft (f)	['luft]

faro (m)	fyr (n)	['fyr]
tuffarsi (vr)	å dykke	[ɔ 'dʏkə]
affondare (andare a fondo)	å synke	[ɔ 'sʏnkə]
tesori (m)	skatter (m pl)	['skatər]

78. Nomi dei mari e degli oceani

Oceano (m) Atlantico	Atlanterhavet	[at'lantər,have]
Oceano (m) Indiano	Indiahavet	['india,have]
Oceano (m) Pacifico	Stillehavet	['stilə,have]
mar (m) Glaciale Artico	Polhavet	['pɔl,have]

mar (m) Nero	Svartehavet	['svaːʈə,have]
mar (m) Rosso	Rødehavet	['rødə,have]
mar (m) Giallo	Gulehavet	['gulə,have]
mar (m) Bianco	Kvitsjøen, Hvitehavet	['kvit,ʂøːn], ['vit,have]

mar (m) Caspio	Kaspihavet	['kaspi,have]
mar (m) Morto	Dødehavet	['dødə'have]
mar (m) Mediterraneo	Middelhavet	['midəl,have]

mar (m) Egeo	Egeerhavet	[ɛ'geːər,have]
mar (m) Adriatico	Adriahavet	['adria,have]

mar (m) Arabico	Arabiahavet	[a'rabia,have]
mar (m) del Giappone	Japanhavet	['japan,have]

mare (m) di Bering	Beringhavet	['beriŋ,have]
mar (m) Cinese meridionale	Sør-Kina-havet	['sør,çina 'have]
mar (m) dei Coralli	Korallhavet	[kʊ'ral,have]
mar (m) di Tasman	Tasmanhavet	[tas'man,have]
mar (m) dei Caraibi	Karibhavet	[ka'rib,have]
mare (m) di Barents	Barentshavet	['barɛns,have]
mare (m) di Kara	Karahavet	['kara,have]
mare (m) del Nord	Nordsjøen	['nuːr,søːn]
mar (m) Baltico	Østersjøen	['østə,søːn]
mare (m) di Norvegia	Norskehavet	['nɔşke,have]

79. Montagne

monte (m), montagna (f)	fjell (n)	['fjɛl]
catena (f) montuosa	fjellkjede (m)	['fjɛl,çɛːdə]
crinale (m)	fjellrygg (m)	['fjɛl,rʏg]
cima (f)	topp (m)	['tɔp]
picco (m)	tind (m)	['tin]
piedi (m pl)	fot (m)	['fʊt]
pendio (m)	skråning (m)	['skrɔniŋ]
vulcano (m)	vulkan (m)	[vʉl'kan]
vulcano (m) attivo	virksom vulkan (m)	['virksɔm vʉl'kan]
vulcano (m) inattivo	utslukt vulkan (m)	['ʉt,şlʉkt vʉl'kan]
eruzione (f)	utbrudd (n)	['ʉt,brʉd]
cratere (m)	krater (n)	['kratər]
magma (m)	magma (m/n)	['magma]
lava (f)	lava (m)	['lava]
fuso (lava ~a)	glødende	['glødenə]
canyon (m)	canyon (m)	['kanjən]
gola (f)	gjel (n), kløft (m)	['jel], ['klœft]
crepaccio (m)	renne (m/f)	['rɛnə]
precipizio (m)	avgrunn (m)	['av,grʉn]
passo (m), valico (m)	pass (n)	['pas]
altopiano (m)	platå (n)	[pla'to]
falesia (f)	klippe (m)	['klipə]
collina (f)	ås (m)	['ɔs]
ghiacciaio (m)	bre, jøkel (m)	['bre], ['jøkəl]
cascata (f)	foss (m)	['fɔs]
geyser (m)	geysir (m)	['gɛjsir]
lago (m)	innsjø (m)	['in'şø]
pianura (f)	slette (m/f)	['şletə]
paesaggio (m)	landskap (n)	['lan,skap]
eco (f)	ekko (n)	['ɛkʊ]
alpinista (m)	alpinist (m)	[alpi'nist]

scalatore (m)	fjellklatrer (m)	['fjɛl‚klɑtrər]
conquistare (~ una cima)	å erobre	[ɔ ɛ'rʊbrə]
scalata (f)	bestigning (m/f)	[be'stigniŋ]

80. Nomi delle montagne

Alpi (f pl)	Alpene	['ɑlpenə]
Monte (m) Bianco	Mont Blanc	[‚mɔn'blɑn]
Pirenei (m pl)	Pyreneene	[pyre'ne:ənə]
Carpazi (m pl)	Karpatene	[kar'patenə]
gli Urali (m pl)	Uralfjellene	[ʉ'rɑl ‚fjɛlenə]
Caucaso (m)	Kaukasus	['kaʊkɑsʉs]
Monte (m) Elbrus	Elbrus	[ɛl'brʉs]
Monti (m pl) Altai	Altaj	[ɑl'tɑj]
Tien Shan (m)	Tien Shan	[ti'en‚sɑn]
Pamir (m)	Pamir	[pɑ'mir]
Himalaia (m)	Himalaya	[himɑ'lɑjɑ]
Everest (m)	Everest	['eve'rɛst]
Ande (f pl)	Andes	['andəs]
Kilimangiaro (m)	Kilimanjaro	[kiliman'dʂɑrʊ]

81. Fiumi

fiume (m)	elv (m/f)	['ɛlv]
fonte (f) (sorgente)	kilde (m)	['çildə]
letto (m) (~ del fiume)	elveleie (n)	['ɛlve‚læeje]
bacino (m)	flodbasseng (n)	['flʊd bɑ‚seŋ]
sfociare nel ...	å munne ut ...	[ɔ 'mʉnə ʉt ...]
affluente (m)	bielv (m/f)	['bi‚elv]
riva (f)	bredd (m)	['brɛd]
corrente (f)	strøm (m)	['strøm]
a valle	medstrøms	['me‚strøms]
a monte	motstrøms	['mʊt‚strøms]
inondazione (f)	oversvømmelse (m)	['ɔvə‚svœmelsə]
piena (f)	flom (m)	['flɔm]
straripare (vi)	å overflø	[ɔ 'over‚flø]
inondare (vt)	å oversvømme	[ɔ 'ɔvə‚svœme]
secca (f)	grunne (m/f)	['grʉnə]
rapida (f)	stryk (m/n)	['stryk]
diga (f)	demning (m)	['dɛmniŋ]
canale (m)	kanal (m)	[kɑ'nɑl]
bacino (m) di riserva	reservoar (n)	[resɛrvʊ'ɑr]
chiusa (f)	sluse (m)	['slʉsə]
specchio (m) d'acqua	vannmasse (m)	['vɑn‚mɑsə]

palude (f)	myr, sump (m)	['myr], ['sʉmp]
pantano (m)	hengemyr (m)	['hɛŋeˌmyr]
vortice (m)	virvel (m)	['virvəl]

ruscello (m)	bekk (m)	['bɛk]
potabile (agg)	drikke-	['drikə-]
dolce (di acqua ~)	fersk-	['fæʂk-]

| ghiaccio (m) | is (m) | ['is] |
| ghiacciarsi (vr) | å fryse til | [ɔ 'frysə til] |

82. Nomi dei fiumi

| Senna (f) | Seine | ['sɛ:n] |
| Loira (f) | Loire | [lu'ɑ:r] |

Tamigi (m)	Themsen	['tɛmsən]
Reno (m)	Rhinen	['ri:nən]
Danubio (m)	Donau	['dɔnaʊ]

Volga (m)	Volga	['vɔlgɑ]
Don (m)	Don	['dɔn]
Lena (f)	Lena	['lenɑ]

Fiume (m) Giallo	Huang He	[ˌhwɑn'hɛ]
Fiume (m) Azzurro	Yangtze	['jaŋtse]
Mekong (m)	Mekong	[me'kɔŋ]
Gange (m)	Ganges	['gɑŋes]

Nilo (m)	Nilen	['nilən]
Congo (m)	Kongo	['kɔngʊ]
Okavango	Okavango	[ʊka'vangʊ]
Zambesi (m)	Zambezi	[sɑm'besi]
Limpopo (m)	Limpopo	[limpo'pɔ]
Mississippi (m)	Mississippi	['misi'sipi]

83. Foresta

| foresta (f) | skog (m) | ['skʊg] |
| forestale (agg) | skog- | ['skʊg-] |

foresta (f) fitta	tett skog (n)	['tɛt ˌskʊg]
boschetto (m)	lund (m)	['lʉn]
radura (f)	glenne (m/f)	['glenə]

| roveto (m) | krattskog (m) | ['krɑtˌskʊg] |
| boscaglia (f) | kratt (n) | ['krɑt] |

sentiero (m)	sti (m)	['sti]
calanco (m)	ravine (m)	[rɑ'vinə]
albero (m)	tre (n)	['trɛ]
foglia (f)	blad (n)	['blɑ]

fogliame (m)	løv (n)	['løv]
caduta (f) delle foglie	løvfall (n)	['løv‚fɑl]
cadere (vi)	å falle	[ɔ 'fɑlə]
cima (f)	tretopp (m)	['trɛ‚tɔp]
ramo (m), ramoscello (m)	kvist, gren (m)	['kvist], ['gren]
ramo (m)	gren, grein (m/f)	['gren], ['græjn]
gemma (f)	knopp (m)	['knɔp]
ago (m)	nål (m/f)	['nɔl]
pigna (f)	kongle (m/f)	['kuŋlə]
cavità (f)	trehull (n)	['trɛ‚hʉl]
nido (m)	reir (n)	['ræjr]
tana (f) (del fox, ecc.)	hule (m/f)	['hʉlə]
tronco (m)	stamme (m)	['stɑmə]
radice (f)	rot (m/f)	['rʊt]
corteccia (f)	bark (m)	['bɑrk]
musco (m)	mose (m)	['mʊsə]
sradicare (vt)	å rykke opp med roten	[ɔ 'rʏkə ɔp me 'rutən]
abbattere (~ un albero)	å felle	[ɔ 'fɛlə]
disboscare (vt)	å hogge ned	[ɔ 'hɔgə 'ne]
ceppo (m)	stubbe (m)	['stʉbə]
falò (m)	bål (n)	['bɔl]
incendio (m) boschivo	skogbrann (m)	['skʊg‚brɑn]
spegnere (vt)	å slokke	[ɔ 'şløkə]
guardia (f) forestale	skogvokter (m)	['skʊg‚vɔktər]
protezione (f)	vern (n), beskyttelse (m)	['væːn], ['be'şytəlsə]
proteggere (~ la natura)	å beskytte	[ɔ be'şytə]
bracconiere (m)	tyvskytter (m)	['tyf‚sytər]
tagliola (f) (~ per orsi)	saks (m/f)	['sɑks]
raccogliere (vt)	å plukke	[ɔ 'plʉkə]
perdersi (vr)	å gå seg vill	[ɔ 'gɔ sæj 'vil]

84. Risorse naturali

risorse (f pl) naturali	naturressurser (m pl)	[nɑ'tʉr rɛ'sʉşər]
minerali (m pl)	mineraler (n pl)	[mine'rɑlər]
deposito (m) (~ di carbone)	forekomster (m pl)	['fɔre‚kɔmstər]
giacimento (m) (~ petrolifero)	felt (m)	['fɛlt]
estrarre (vt)	å utvinne	[ɔ 'ʉt‚vinə]
estrazione (f)	utvinning (m/f)	['ʉt‚vinin]
minerale (m) grezzo	malm (m)	['mɑlm]
miniera (f)	gruve (m/f)	['grʉvə]
pozzo (m) di miniera	gruvesjakt (m/f)	['grʉvə‚sɑkt]
minatore (m)	gruvearbeider (m)	['grʉvə'ar‚bæjdər]
gas (m)	gass (m)	['gɑs]
gasdotto (m)	gassledning (m)	['gɑs‚lednin]

petrolio (m)	olje (m)	['ɔljə]
oleodotto (m)	oljeledning (m)	['ɔljə,lednin]
torre (f) di estrazione	oljebrønn (m)	['ɔljə,brœn]
torre (f) di trivellazione	boretårn (n)	['bo:rə,tɔ:n]
petroliera (f)	tankskip (n)	['tank,ʂip]

sabbia (f)	sand (m)	['san]
calcare (m)	kalkstein (m)	['kalk,stæjn]
ghiaia (f)	grus (m)	['grʉs]
torba (f)	torv (m/f)	['tɔrv]
argilla (f)	leir (n)	['læjr]
carbone (m)	kull (n)	['kʉl]

ferro (m)	jern (n)	['jæ:n]
oro (m)	gull (n)	['gʉl]
argento (m)	sølv (n)	['søl]
nichel (m)	nikkel (m)	['nikəl]
rame (m)	kobber (n)	['kɔbər]

zinco (m)	sink (m/n)	['sink]
manganese (m)	mangan (m/n)	[ma'ŋan]
mercurio (m)	kvikksølv (n)	['kvik,søl]
piombo (m)	bly (n)	['bly]

minerale (m)	mineral (n)	[minə'ral]
cristallo (m)	krystall (m/n)	[kry'stal]
marmo (m)	marmor (m/n)	['marmʊr]
uranio (m)	uran (m/n)	[ʉ'ran]

85. Tempo

tempo (m)	vær (n)	['vær]
previsione (f) del tempo	værvarsel (n)	['vær,vaʂəl]
temperatura (f)	temperatur (m)	[tɛmpərɑ'tʉr]
termometro (m)	termometer (n)	[tɛrmʊ'metər]
barometro (m)	barometer (n)	[barʊ'metər]

umido (agg)	fuktig	['fʉkti]
umidità (f)	fuktighet (m)	['fʉkti,het]
caldo (m), afa (f)	hete (m)	['he:tə]
molto caldo (agg)	het	['het]
fa molto caldo	det er hett	[de ær 'het]

| fa caldo | det er varmt | [de ær 'varmt] |
| caldo, mite (agg) | varm | ['varm] |

| fa freddo | det er kaldt | [de ær 'kalt] |
| freddo (agg) | kald | ['kal] |

sole (m)	sol (m/f)	['sʊl]
splendere (vi)	å skinne	[ɔ 'ʂinə]
di sole (una giornata ~)	solrik	['sʊl,rik]
sorgere, levarsi (vr)	å gå opp	[ɔ 'gɔ ɔp]
tramontare (vi)	å gå ned	[ɔ 'gɔ ne]

nuvola (f)	sky (m)	['ṣy]
nuvoloso (agg)	skyet	['ṣy:ət]
nube (f) di pioggia	regnsky (m/f)	['ræjn‚ṣy]
nuvoloso (agg)	mørk	['mœrk]

pioggia (f)	regn (n)	['ræjn]
piove	det regner	[de 'ræjnər]
piovoso (agg)	regnværs-	['ræjn‚væṣ-]
piovigginare (vi)	å småregne	[ɔ 'smɔ:ræjnə]

pioggia (f) torrenziale	piskende regn (n)	['piskenə ‚ræjn]
acquazzone (m)	styrtregn (n)	['sty:ṭ‚ræjn]
forte (una ~ pioggia)	kraftig, sterk	['krɑfti], ['stærk]
pozzanghera (f)	vannpytt (m)	['vɑn‚pʏt]
bagnarsi (~ sotto la pioggia)	å bli våt	[ɔ 'bli 'vɔt]

foschia (f), nebbia (f)	tåke (m/f)	['to:kə]
nebbioso (agg)	tåke	['to:kə]
neve (f)	snø (m)	['snø]
nevica	det snør	[de 'snør]

86. Rigide condizioni metereologiche. Disastri naturali

temporale (m)	tordenvær (n)	['tʊrdən‚vær]
fulmine (f)	lyn (n)	['lyn]
lampeggiare (vi)	å glimte	[ɔ 'glimtə]

tuono (m)	torden (m)	['tʊrdən]
tuonare (vi)	å tordne	[ɔ 'tʊrdnə]
tuona	det tordner	[de 'tʊrdnər]

grandine (f)	hagle (m/f)	['hɑglə]
grandina	det hagler	[de 'hɑglər]

inondare (vt)	å oversvømme	[ɔ 'ɔvə‚ṣvœmə]
inondazione (f)	oversvømmelse (m)	['ɔvə‚ṣvœmelsə]

terremoto (m)	jordskjelv (n)	['ju:r‚ṣɛlv]
scossa (f)	skjelv (n)	['ṣɛlv]
epicentro (m)	episenter (n)	[ɛpi'sɛntər]

eruzione (f)	utbrudd (n)	['ʉt‚brʉd]
lava (f)	lava (m)	['lɑvɑ]

tromba (f) d'aria	skypumpe (m/f)	['ṣy‚pʉmpə]
tornado (m)	tornado (m)	[tʊ:'nɑdʉ]
tifone (m)	tyfon (m)	[ty'fʉn]

uragano (m)	orkan (m)	[ɔr'kɑn]
tempesta (f)	storm (m)	['stɔrm]
tsunami (m)	tsunami (m)	[tsʉ'nɑmi]

ciclone (m)	syklon (m)	[sy'klun]
maltempo (m)	uvær (n)	['ʉ:‚vær]

incendio (m)	brann (m)	['brɑn]
disastro (m)	katastrofe (m)	[kɑtɑ'strɔfə]
meteorite (m)	meteoritt (m)	[meteʊ'rit]

valanga (f)	lavine (m)	[lɑ'vinə]
slavina (f)	snøskred, snøras (n)	['snø,skred], ['snørɑs]
tempesta (f) di neve	snøstorm (m)	['snø,stɔrm]
bufera (f) di neve	snøstorm (m)	['snø,stɔrm]

FAUNA

87. Mammiferi. Predatori

predatore (m)	rovdyr (n)	['rɔv‚dyr]
tigre (f)	tiger (m)	['tigər]
leone (m)	løve (m/f)	['løvɛ]
lupo (m)	ulv (m)	['ʉlv]
volpe (m)	rev (m)	['rev]
giaguaro (m)	jaguar (m)	[jagʉ'ar]
leopardo (m)	leopard (m)	[leʉ'pard]
ghepardo (m)	gepard (m)	[ge'pard]
pantera (f)	panter (m)	['pantər]
puma (f)	puma (m)	['pʉma]
leopardo (m) delle nevi	snøleopard (m)	['snø leʉ'pard]
lince (f)	gaupe (m/f)	['gaʉpə]
coyote (m)	coyote, prærieulv (m)	[kɔ'jotə], ['præri‚ʉlv]
sciacallo (m)	sjakal (m)	[ṣa'kal]
iena (f)	hyene (m)	[hy'enə]

88. Animali selvatici

animale (m)	dyr (n)	['dyr]
bestia (f)	best, udyr (n)	['bɛst], ['ʉ‚dyr]
scoiattolo (m)	ekorn (n)	['ɛkʊːŋ]
riccio (m)	pinnsvin (n)	['pin‚svin]
lepre (f)	hare (m)	['harə]
coniglio (m)	kanin (m)	[ka'nin]
tasso (m)	grevling (m)	['grɛvliŋ]
procione (f)	vaskebjørn (m)	['vaskə‚bjœːŋ]
criceto (m)	hamster (m)	['hamstər]
marmotta (f)	murmeldyr (n)	['mʉrməl‚dyr]
talpa (f)	muldvarp (m)	['mʉl‚varp]
topo (m)	mus (m/f)	['mʉs]
ratto (m)	rotte (m/f)	['rotə]
pipistrello (m)	flaggermus (m/f)	['flagər‚mʉs]
ermellino (m)	røyskatt (m)	['røjskat]
zibellino (m)	sobel (m)	['sʊbəl]
martora (f)	mår (m)	['mɔr]
donnola (f)	snømus (m/f)	['snø‚mʉs]
visone (m)	mink (m)	['mink]

castoro (m)	bever (m)	['bevər]
lontra (f)	oter (m)	['utər]

cavallo (m)	hest (m)	['hɛst]
alce (m)	elg (m)	['ɛlg]
cervo (m)	hjort (m)	['joːt]
cammello (m)	kamel (m)	[ka'mel]

bisonte (m) americano	bison (m)	['bisɔn]
bisonte (m) europeo	urokse (m)	['ʉrˌʊksə]
bufalo (m)	bøffel (m)	['bøfəl]

zebra (f)	sebra (m)	['sebra]
antilope (f)	antilope (m)	[anti'lʊpe]
capriolo (m)	rådyr (n)	['rɔˌdyr]
daino (m)	dåhjort, dådyr (n)	['dɔˌjoːt], ['dɔˌdyr]
camoscio (m)	gemse (m)	['gɛmsə]
cinghiale (m)	villsvin (n)	['vilˌsvin]

balena (f)	hval (m)	['val]
foca (f)	sel (m)	['sel]
tricheco (m)	hvalross (m)	['valˌrɔs]
otaria (f)	pelssel (m)	['pɛlsˌsel]
delfino (m)	delfin (m)	[dɛl'fin]

orso (m)	bjørn (m)	['bjœːn]
orso (m) bianco	isbjørn (m)	['isˌbjœːn]
panda (m)	panda (m)	['panda]

scimmia (f)	ape (m/f)	['ape]
scimpanzè (m)	sjimpanse (m)	[ʂim'pansə]
orango (m)	orangutang (m)	[ʊ'raŋgʉˌtaŋ]
gorilla (m)	gorilla (m)	[gɔ'rila]
macaco (m)	makak (m)	[ma'kak]
gibbone (m)	gibbon (m)	['gibʊn]

elefante (m)	elefant (m)	[ɛle'fant]
rinoceronte (m)	neshorn (n)	['nesˌhuːn]
giraffa (f)	sjiraff (m)	[ʂi'raf]
ippopotamo (m)	flodhest (m)	['flʊdˌhɛst]

canguro (m)	kenguru (m)	['kɛŋgʉrʉ]
koala (m)	koala (m)	[kʊ'ala]

mangusta (f)	mangust, mungo (m)	[maŋ'gʉst], ['mʉŋgu]
cincillà (f)	chinchilla (m)	[ʂin'ʂila]
moffetta (f)	skunk (m)	['skunk]
istrice (m)	hulepinnsvin (n)	['hʉləˌpinsvin]

89. Animali domestici

gatta (f)	katt (m)	['kat]
gatto (m)	hannkatt (m)	['hanˌkat]
cane (m)	hund (m)	['hʉŋ]

cavallo (m)	hest (m)	['hɛst]
stallone (m)	hingst (m)	['hiŋst]
giumenta (f)	hoppe, merr (m/f)	['hɔpə], ['mɛr]
mucca (f)	ku (f)	['kʉ]
toro (m)	tyr (m)	['tyr]
bue (m)	okse (m)	['ɔksə]
pecora (f)	sau (m)	['saʉ]
montone (m)	vær, saubukk (m)	['vær], ['saʉˌbʉk]
capra (f)	geit (m/f)	['jæjt]
caprone (m)	geitebukk (m)	['jæjtəˌbʉk]
asino (m)	esel (n)	['ɛsəl]
mulo (m)	muldyr (n)	['mʉlˌdyr]
porco (m)	svin (n)	['svin]
porcellino (m)	gris (m)	['gris]
coniglio (m)	kanin (m)	[ka'nin]
gallina (f)	høne (m/f)	['hønə]
gallo (m)	hane (m)	['hanə]
anatra (f)	and (m/f)	['an]
maschio (m) dell'anatra	andrik (m)	['andrik]
oca (f)	gås (m/f)	['gɔs]
tacchino (m)	kalkunhane (m)	[kal'kʉnˌhanə]
tacchina (f)	kalkunhøne (m/f)	[kal'kʉnˌhønə]
animali (m pl) domestici	husdyr (n pl)	['hʉsˌdyr]
addomesticato (agg)	tam	['tam]
addomesticare (vt)	å temme	[ɔ 'tɛmə]
allevare (vt)	å avle, å oppdrette	[ɔ 'avlə], [ɔ 'ɔpˌdrɛtə]
fattoria (f)	farm, gård (m)	['farm], ['gɔːr]
pollame (m)	fjærfe (n)	['fjærˌfɛ]
bestiame (m)	kveg (n)	['kvɛg]
branco (m), mandria (f)	flokk, bøling (m)	['flɔk], ['bøliŋ]
scuderia (f)	stall (m)	['stal]
porcile (m)	grisehus (n)	['grisəˌhʉs]
stalla (f)	kufjøs (m/n)	['kuˌfjøs]
conigliera (f)	kaninbur (n)	[ka'ninˌbʉr]
pollaio (m)	hønsehus (n)	['hønsəˌhʉs]

90. Uccelli

uccello (m)	fugl (m)	['fʉl]
colombo (m), piccione (m)	due (m/f)	['dʉə]
passero (m)	spurv (m)	['spʉrv]
cincia (f)	kjøttmeis (m/f)	['çœtˌmæjs]
gazza (f)	skjære (m/f)	['ʂærə]
corvo (m)	ravn (m)	['ravn]

cornacchia (f)	kråke (m)	['kro:kə]
taccola (f)	kaie (m/f)	['kajə]
corvo (m) nero	kornkråke (m/f)	['kʊ:n̩ kro:kə]
anatra (f)	and (m/f)	['an]
oca (f)	gås (m/f)	['gɔs]
fagiano (m)	fasan (m)	[fa'san]
aquila (f)	ørn (m/f)	['œ:n̩]
astore (m)	hauk (m)	['haʊk]
falco (m)	falk (m)	['falk]
grifone (m)	gribb (m)	['grib]
condor (m)	kondor (m)	[kʊn'dʊr]
cigno (m)	svane (m/f)	['svanə]
gru (f)	trane (m/f)	['tranə]
cicogna (f)	stork (m)	['stɔrk]
pappagallo (m)	papegøye (m)	[pape'gøjə]
colibrì (m)	kolibri (m)	[kʊ'libri]
pavone (m)	påfugl (m)	['po‚fʉl]
struzzo (m)	struts (m)	['strʉts]
airone (m)	hegre (m)	['hæjrə]
fenicottero (m)	flamingo (m)	[fla'mingʊ]
pellicano (m)	pelikan (m)	[peli'kan]
usignolo (m)	nattergal (m)	['natər‚gal]
rondine (f)	svale (m/f)	['svalə]
tordo (m)	trost (m)	['trʊst]
tordo (m) sasello	måltrost (m)	['mo:l‚trʊst]
merlo (m)	svarttrost (m)	['sva:‚trʊst]
rondone (m)	tårnseiler (m), tårnsvale (m/f)	['tɔ:n̩ sæjlə], ['tɔ:n̩ svalə]
allodola (f)	lerke (m/f)	['lærkə]
quaglia (f)	vaktel (m)	['vaktəl]
picchio (m)	hakkespett (m)	['hakə‚spɛt]
cuculo (m)	gjøk, gauk (m)	['jøk], ['gaʊk]
civetta (f)	ugle (m/f)	['ʉglə]
gufo (m) reale	hubro (m)	['hʉbrʊ]
urogallo (m)	storfugl (m)	['stʊr‚fʉl]
fagiano (m) di monte	orrfugl (m)	['ɔr‚fʉl]
pernice (f)	rapphøne (m/f)	['rap‚hønə]
storno (m)	stær (m)	['stær]
canarino (m)	kanarifugl (m)	[ka'nari‚fʉl]
francolino (m) di monte	jerpe (m/f)	['jærpə]
fringuello (m)	bokfink (m)	['bʊk‚fink]
ciuffolotto (m)	dompap (m)	['dʊmpap]
gabbiano (m)	måke (m/f)	['mo:kə]
albatro (m)	albatross (m)	['alba‚trɔs]
pinguino (m)	pingvin (m)	[piŋ'vin]

91. Pesci. Animali marini

abramide (f)	brasme (m/f)	['brɑsmə]
carpa (f)	karpe (m)	['kɑrpə]
perca (f)	åbor (m)	['obɔr]
pesce (m) gatto	malle (m)	['mɑlə]
luccio (m)	gjedde (m/f)	['jɛdə]

| salmone (m) | laks (m) | ['lɑks] |
| storione (m) | stør (m) | ['stør] |

aringa (f)	sild (m/f)	['sil]
salmone (m)	atlanterhavslaks (m)	[at'lɑntərhɑfs‚lɑks]
scombro (m)	makrell (m)	[mɑ'krɛl]
sogliola (f)	rødspette (m/f)	['rø‚spɛtə]

lucioperca (f)	gjørs (m)	['jø:ʂ]
merluzzo (m)	torsk (m)	['tɔʂk]
tonno (m)	tunfisk (m)	['tʉn‚fisk]
trota (f)	ørret (m)	['øret]

anguilla (f)	ål (m)	['ɔl]
torpedine (f)	elektrisk rokke (m/f)	[ɛ'lektrisk ‚rɔkə]
murena (f)	murene (m)	[mʉ'rɛnə]
piranha (f)	piraja (m)	[pi'rɑja]

squalo (m)	hai (m)	['hɑj]
delfino (m)	delfin (m)	[dɛl'fin]
balena (f)	hval (m)	['vɑl]

granchio (m)	krabbe (m)	['krɑbə]
medusa (f)	manet (m/f), meduse (m)	['mɑnet], [me'dʉsə]
polpo (m)	blekksprut (m)	['blek‚sprʉt]

stella (f) marina	sjøstjerne (m/f)	['ʂø‚stjæ:ɳə]
riccio (m) di mare	sjøpinnsvin (n)	['ʂø:'pin‚svin]
cavalluccio (m) marino	sjøhest (m)	['ʂø‚hɛst]

ostrica (f)	østers (m)	['østəʂ]
gamberetto (m)	reke (m/f)	['rekə]
astice (m)	hummer (m)	['hʉmər]
aragosta (f)	langust (m)	[lɑŋ'gʉst]

92. Anfibi. Rettili

| serpente (m) | slange (m) | ['ʂlɑŋə] |
| velenoso (agg) | giftig | ['jifti] |

vipera (f)	hoggorm, huggorm (m)	['hʊg‚ɔrm], ['hʉg‚ɔrm]
cobra (m)	kobra (m)	['kʊbrɑ]
pitone (m)	pyton (m)	['pytɔn]
boa (m)	boaslange (m)	['bɔɑ‚slɑŋə]
biscia (f)	snok (m)	['snʊk]

| serpente (m) a sonagli | klapperslange (m) | ['klapǝˌslaŋǝ] |
| anaconda (f) | anakonda (m) | [ana'konda] |

lucertola (f)	øgle (m/f)	['øglǝ]
iguana (f)	iguan (m)	[igʉ'an]
varano (m)	varan (n)	[va'ran]
salamandra (f)	salamander (m)	[sala'mandǝr]
camaleonte (m)	kameleon (m)	[kamǝle'ʊn]
scorpione (m)	skorpion (m)	[skɔrpi'ʊn]

tartaruga (f)	skilpadde (m/f)	['ʂilˌpadǝ]
rana (f)	frosk (m)	['frɔsk]
rospo (m)	padde (m/f)	['padǝ]
coccodrillo (m)	krokodille (m)	[krʊkǝ'dilǝ]

93. Insetti

insetto (m)	insekt (n)	['insɛkt]
farfalla (f)	sommerfugl (m)	['sɔmǝrˌfʉl]
formica (f)	maur (m)	['maʊr]
mosca (f)	flue (m/f)	['flʉe]
zanzara (f)	mygg (m)	['mʏg]
scarabeo (m)	bille (m)	['bilǝ]

vespa (f)	veps (m)	['vɛps]
ape (f)	bie (m/f)	['biǝ]
bombo (m)	humle (m/f)	['hʉmlǝ]
tafano (m)	brems (m)	['brɛms]

| ragno (m) | edderkopp (m) | ['ɛdǝrˌkɔp] |
| ragnatela (f) | edderkoppnett (n) | ['ɛdǝrkɔpˌnɛt] |

libellula (f)	øyenstikker (m)	['øjǝnˌstikǝr]
cavalletta (f)	gresshoppe (m/f)	['grɛsˌhɔpǝ]
farfalla (f) notturna	nattsvermer (m)	['natˌsværmǝr]

scarafaggio (m)	kakerlakk (m)	[kakǝ'lak]
zecca (f)	flått, midd (m)	['flɔt], ['mid]
pulce (f)	loppe (f)	['lɔpǝ]
moscerino (m)	knott (m)	['knɔt]

locusta (f)	vandgresshoppe (m/f)	['van 'grɛsˌhɔpǝ]
lumaca (f)	snegl (m)	['snæjl]
grillo (m)	siriss (m)	['siˌris]
lucciola (f)	ildflue (m/f), lysbille (m)	['ilˌflʉe], ['lysˌbilǝ]
coccinella (f)	marihøne (m/f)	['mariˌhønǝ]
maggiolino (m)	oldenborre (f)	['ɔldǝnˌbɔrǝ]

sanguisuga (f)	igle (m/f)	['iglǝ]
bruco (m)	sommerfugllarve (m/f)	['sɔmǝrfʉlˌlarvǝ]
verme (m)	meitemark (m)	['mæjtǝˌmark]
larva (f)	larve (m/f)	['larvǝ]

FLORA

94. Alberi

albero (m)	tre (n)	['trɛ]
deciduo (agg)	løv-	['løv-]
conifero (agg)	bar-	['bɑr-]
sempreverde (agg)	eviggrønt	['ɛvi̩grœnt]
melo (m)	epletre (n)	['ɛplə̩trɛ]
pero (m)	pæretre (n)	['pærə̩trɛ]
ciliegio (m)	morelltre (n)	[mʉ'rɛl̩trɛ]
amareno (m)	kirsebærtre (n)	['çiṣəbær̩trɛ]
prugno (m)	plommetre (n)	['plʉmə̩trɛ]
betulla (f)	bjørk (f)	['bjœrk]
quercia (f)	eik (f)	['æjk]
tiglio (m)	lind (m/f)	['lin]
pioppo (m) tremolo	osp (m/f)	['ɔsp]
acero (m)	lønn (m/f)	['lœn]
abete (m)	gran (m/f)	['grɑn]
pino (m)	furu (m/f)	['fʉrʉ]
larice (m)	lerk (m)	['lærk]
abete (m) bianco	edelgran (m/f)	['ɛdəl̩grɑn]
cedro (m)	seder (m)	['sedər]
pioppo (m)	poppel (m)	['pɔpəl]
sorbo (m)	rogn (m/f)	['rɔŋn]
salice (m)	pil (m/f)	['pil]
alno (m)	or, older (m/f)	['ʉr], ['ɔldər]
faggio (m)	bøk (m)	['bøk]
olmo (m)	alm (m)	['ɑlm]
frassino (m)	ask (m/f)	['ɑsk]
castagno (m)	kastanjetre (n)	[kɑ'stɑnje̩trɛ]
magnolia (f)	magnolia (m)	[mɑŋ'nʉlia]
palma (f)	palme (m)	['pɑlmə]
cipresso (m)	sypress (m)	[sʏ'prɛs]
mangrovia (f)	mangrove (m)	[mɑŋ'grʉvə]
baobab (m)	apebrødtre (n)	['ɑpebrø̩trɛ]
eucalipto (m)	eukalyptus (m)	[ɛvkɑ'lyptʉs]
sequoia (f)	sequoia (m)	['sek̩vɔja]

95. Arbusti

cespuglio (m)	busk (m)	['bʉsk]
arbusto (m)	busk (m)	['bʉsk]

| vite (f) | vinranke (m) | ['vin,rankə] |
| vigneto (m) | vinmark (m/f) | ['vin,mɑrk] |

lampone (m)	bringebærbusk (m)	['briŋə,bær busk]
ribes (m) nero	solbærbusk (m)	['sulbær,busk]
ribes (m) rosso	ripsbusk (m)	['rips,busk]
uva (f) spina	stikkelsbærbusk (m)	['stikəlsbær,busk]

acacia (f)	akasie (m)	[a'kasiə]
crespino (m)	berberis (m)	['bærberis]
gelsomino (m)	sjasmin (m)	[şas'min]

ginepro (m)	einer (m)	['æjnər]
roseto (m)	rosenbusk (m)	['rusən,busk]
rosa (f) canina	steinnype (m/f)	['stæjn,nypə]

96. Frutti. Bacche

frutto (m)	frukt (m/f)	['frukt]
frutti (m pl)	frukter (m/f pl)	['fruktər]
mela (f)	eple (n)	['ɛplə]
pera (f)	pære (m/f)	['pærə]
prugna (f)	plomme (m/f)	['plumə]

fragola (f)	jordbær (n)	['ju:r,bær]
amarena (f)	kirsebær (n)	['çişə,bær]
ciliegia (f)	morell (m)	[mu'rɛl]
uva (f)	drue (m)	['druə]

lampone (m)	bringebær (n)	['briŋə,bær]
ribes (m) nero	solbær (n)	['sul,bær]
ribes (m) rosso	rips (m)	['rips]
uva (f) spina	stikkelsbær (n)	['stikəls,bær]
mirtillo (m) di palude	tranebær (n)	['tranə,bær]

arancia (f)	appelsin (m)	[apel'sin]
mandarino (m)	mandarin (m)	[mandɑ'rin]
ananas (m)	ananas (m)	['ananas]

| banana (f) | banan (m) | [ba'nan] |
| dattero (m) | daddel (m) | ['dadəl] |

limone (m)	sitron (m)	[si'trun]
albicocca (f)	aprikos (m)	[apri'kus]
pesca (f)	fersken (m)	['fæşkən]

| kiwi (m) | kiwi (m) | ['kivi] |
| pompelmo (m) | grapefrukt (m/f) | ['grɛjp,frukt] |

bacca (f)	bær (n)	['bær]
bacche (f pl)	bær (n pl)	['bær]
mirtillo (m) rosso	tyttebær (n)	['tʏtə,bær]
fragola (f) di bosco	markjordbær (n)	['mɑrk ju:r,bær]
mirtillo (m)	blåbær (n)	['blɔ,bær]

97. Fiori. Piante

fiore (m)	blomst (m)	['blɔmst]
mazzo (m) di fiori	bukett (m)	[bʉ'kɛt]
rosa (f)	rose (m/f)	['rʊsə]
tulipano (m)	tulipan (m)	[tʉli'pɑn]
garofano (m)	nellik (m)	['nɛlik]
gladiolo (m)	gladiolus (m)	[glɑdi'ɔlʉs]
fiordaliso (m)	kornblomst (m)	['kʊːn̩ˌblɔmst]
campanella (f)	blåklokke (m/f)	['blɔˌklɔkə]
soffione (m)	løvetann (m/f)	['løvəˌtɑn]
camomilla (f)	kamille (m)	[kɑ'milə]
aloe (m)	aloe (m)	['alʊe]
cactus (m)	kaktus (m)	['kɑktʉs]
ficus (m)	gummiplante (m/f)	['gʉmiˌplɑntə]
giglio (m)	lilje (m)	['liljə]
geranio (m)	geranium (m)	[ge'rɑnium]
giacinto (m)	hyasint (m)	[hiɑ'sint]
mimosa (f)	mimose (m/f)	[mi'mɔsə]
narciso (m)	narsiss (m)	[nɑ'ʂis]
nasturzio (m)	blomkarse (m)	['blɔmˌkɑʂə]
orchidea (f)	orkidé (m)	[ɔrki'de]
peonia (f)	peon, pion (m)	[pe'ʊn], [pi'ʊn]
viola (f)	fiol (m)	[fi'ʊl]
viola (f) del pensiero	stemorsblomst (m)	['stemʉsˌblɔmst]
nontiscordardimé (m)	forglemmegei (m)	[for'glemәˌjæj]
margherita (f)	tusenfryd (m)	['tʉsənˌfryd]
papavero (m)	valmue (m)	['vɑlmʉe]
canapa (f)	hamp (m)	['hɑmp]
menta (f)	mynte (m/f)	['mʏntə]
mughetto (m)	liljekonvall (m)	['liljə kɔn'vɑl]
bucaneve (m)	snøklokke (m/f)	['snøˌklɔkə]
ortica (f)	nesle (m/f)	['nɛslə]
acetosa (f)	syre (m/f)	['syrə]
ninfea (f)	nøkkerose (m/f)	['nøkəˌrʊse]
felce (f)	bregne (m/f)	['brɛjnə]
lichene (m)	lav (m/n)	['lɑv]
serra (f)	drivhus (n)	['drivˌhʉs]
prato (m) erboso	gressplen (m)	['grɛsˌplen]
aiuola (f)	blomsterbed (n)	['blɔmstərˌbed]
pianta (f)	plante (m/f), vekst (m)	['plɑntə], ['vɛkst]
erba (f)	gras (n)	['grɑs]
filo (m) d'erba	grasstrå (n)	['grɑsˌstrɔ]

foglia (f)	blad (n)	['bla]
petalo (m)	kronblad (n)	['krɔn,bla]
stelo (m)	stilk (m)	['stilk]
tubero (m)	rotknoll (m)	['rʊt,knɔl]

germoglio (m)	spire (m/f)	['spirə]
spina (f)	torn (m)	['tʊːn]

fiorire (vi)	å blomstre	[ɔ 'blɔmstrə]
appassire (vi)	å visne	[ɔ 'visnə]
odore (m), profumo (m)	lukt (m/f)	['lʉkt]
tagliare (~ i fiori)	å skjære av	[ɔ 'ʂæːrə ɑː]
cogliere (vt)	å plukke	[ɔ 'plʉkə]

98. Cereali, granaglie

grano (m)	korn (n)	['kuːn]
cereali (m pl)	cerealer (n pl)	[sere'ɑlər]
spiga (f)	aks (n)	['ɑks]

frumento (m)	hvete (m)	['vetə]
segale (f)	rug (m)	['rʉg]
avena (f)	havre (m)	['hɑvrə]
miglio (m)	hirse (m)	['hiʂə]
orzo (m)	bygg (m/n)	['bʏg]

mais (m)	mais (m)	['mais]
riso (m)	ris (m)	['ris]
grano (m) saraceno	bokhvete (m)	['bʉk,vetə]

pisello (m)	ert (m/f)	['æːt]
fagiolo (m)	bønne (m/f)	['bœnə]
soia (f)	soya (m)	['sɔja]
lenticchie (f pl)	linse (m/f)	['linsə]
fave (f pl)	bønner (m/f pl)	['bœnər]

PAESI

99. Paesi. Parte 1

Afghanistan (m)	Afghanistan	[afˈganiˌstan]
Albania (f)	Albania	[alˈbania]
Arabia Saudita (f)	Saudi-Arabia	[ˈsaʊdi aˈrabia]
Argentina (f)	Argentina	[argɛnˈtina]
Armenia (f)	Armenia	[arˈmenia]
Australia (f)	Australia	[aʊˈstralia]
Austria (f)	Østerrike	[ˈøsteˌrikə]
Azerbaigian (m)	Aserbajdsjan	[aserbajdˈʂan]

Le Bahamas	Bahamas	[baˈhamas]
Bangladesh (m)	Bangladesh	[banglaˈdɛʂ]
Belgio (m)	Belgia	[ˈbɛlgia]
Bielorussia (f)	Hviterussland	[ˈviteˌrʉslan]
Birmania (f)	Myanmar	[ˈmjænma]
Bolivia (f)	Bolivia	[boˈlivia]
Bosnia-Erzegovina (f)	Bosnia-Hercegovina	[ˈbɔsnia hersegɔˌvina]
Brasile (m)	Brasilia	[braˈsilia]
Bulgaria (f)	Bulgaria	[bʉlˈgaria]

Cambogia (f)	Kambodsja	[kamˈbɔdʂa]
Canada (m)	Canada	[ˈkanada]
Cile (m)	Chile	[ˈtʂilə]
Cina (f)	Kina	[ˈçina]
Cipro (m)	Kypros	[ˈkʏprʊs]
Colombia (f)	Colombia	[kɔˈlʊmbia]
Corea (f) del Nord	Nord-Korea	[ˈnuːr kʊˈrɛa]
Corea (f) del Sud	Sør-Korea	[ˈsør kʊˌrea]
Croazia (f)	Kroatia	[krʊˈatia]
Cuba (f)	Cuba	[ˈkʉba]

Danimarca (f)	Danmark	[ˈdanmark]
Ecuador (m)	Ecuador	[ɛkʊaˈdɔr]
Egitto (m)	Egypt	[ɛˈgypt]
Emirati (m pl) Arabi	Forente Arabiske Emiratene	[fɔˈrentə aˈrabiskə ɛmiˈratenə]
Estonia (f)	Estland	[ˈɛstlan]
Finlandia (f)	Finland	[ˈfinlan]
Francia (f)	Frankrike	[ˈfrankrikə]

100. Paesi. Parte 2

Georgia (f)	Georgia	[geˈɔrgia]
Germania (f)	Tyskland	[ˈtʏsklan]
Ghana (m)	Ghana	[ˈgana]

Giamaica (f)	Jamaica	[ṣa'majka]
Giappone (m)	Japan	['japan]
Giordania (f)	Jordan	['jɔrdan]
Gran Bretagna (f)	Storbritannia	['stʉr bri,tania]
Grecia (f)	Hellas	['hɛlas]

Haiti (m)	Haiti	[ha'iti]
India (f)	India	['india]
Indonesia (f)	Indonesia	[indʉ'nesia]
Inghilterra (f)	England	['ɛŋlan]
Iran (m)	Iran	['iran]
Iraq (m)	Irak	['irak]
Irlanda (f)	Irland	['irlan]
Islanda (f)	Island	['islan]
Israele (m)	Israel	['israel]
Italia (f)	Italia	[i'talia]

Kazakistan (m)	Kasakhstan	[ka'sak,stan]
Kenya (m)	Kenya	['kenya]
Kirghizistan (m)	Kirgisistan	[kir'gisi,stan]
Kuwait (m)	Kuwait	['kʉvajt]

Laos (m)	Laos	['laɔs]
Lettonia (f)	Latvia	['latvia]
Libano (m)	Libanon	['libanɔn]
Libia (f)	Libya	['libia]
Liechtenstein (m)	Liechtenstein	['lihtɛnṣtæjn]
Lituania (f)	Litauen	['li,taʉən]
Lussemburgo (m)	Luxembourg	['lʉksɛm,bʉrg]

Macedonia (f)	Makedonia	[make'dɔnia]
Madagascar (m)	Madagaskar	[mada'gaskar]
Malesia (f)	Malaysia	[ma'lajsia]
Malta (f)	Malta	['malta]
Marocco (m)	Marokko	[ma'rɔkʉ]
Messico (m)	Mexico	['mɛksikʉ]
Moldavia (f)	Moldova	[mɔl'dɔva]
Monaco (m)	Monaco	[mʉ'nakʉ]
Mongolia (f)	Mongolia	[mʉŋ'gulia]
Montenegro (m)	Montenegro	['mɔntə,negrʉ]

Namibia (f)	Namibia	[na'mibia]
Nepal (m)	Nepal	['nepal]
Norvegia (f)	Norge	['nɔrgə]
Nuova Zelanda (f)	New Zealand	[njʉ'selan]

101. Paesi. Parte 3

Paesi Bassi (m pl)	Nederland	['nedə,ḷan]
Pakistan (m)	Pakistan	['paki,stan]
Palestina (f)	Palestina	[pale'stina]
Panama (m)	Panama	['panama]
Paraguay (m)	Paraguay	[parag'waj]
Perù (m)	Peru	[pe'ru:]

Polinesia (f) Francese	**Fransk Polynesia**	['fransk poly'nesia]
Polonia (f)	**Polen**	['pʉlen]
Portogallo (f)	**Portugal**	[pɔ:ʈʉ'gal]
Repubblica (f) Ceca	**Tsjekkia**	['ʈsɛkija]
Repubblica (f) Dominicana	**Dominikanske Republikken**	[dʉmini'kanskə repʉ'blikən]
Repubblica (f) Sudafricana	**Republikken Sør-Afrika**	[repʉ'bliken 'sør‚afrika]
Romania (f)	**Romania**	[rʉ'mania]
Russia (f)	**Russland**	['rʉslan]
Scozia (f)	**Skottland**	['skɔtlan]
Senegal (m)	**Senegal**	[sene'gal]
Serbia (f)	**Serbia**	['særbia]
Siria (f)	**Syria**	['syria]
Slovacchia (f)	**Slovakia**	[ʂlʉ'vakia]
Slovenia (f)	**Slovenia**	[ʂlʉ'venia]
Spagna (f)	**Spania**	['spania]
Stati (m pl) Uniti d'America	**Amerikas Forente Stater**	[a'merikas fɔ'rɛntə 'statər]
Suriname (m)	**Surinam**	['sʉri‚nam]
Svezia (f)	**Sverige**	['sværiə]
Svizzera (f)	**Sveits**	['svæjts]
Tagikistan (m)	**Tadsjikistan**	[ta'dʂiki‚stan]
Tailandia (f)	**Thailand**	['tajlan]
Taiwan (m)	**Taiwan**	['taj‚van]
Tanzania (f)	**Tanzania**	['tansa‚nia]
Tasmania (f)	**Tasmania**	[tas'mania]
Tunisia (f)	**Tunisia**	['tʉ'nisia]
Turchia (f)	**Tyrkia**	[tyrkia]
Turkmenistan (m)	**Turkmenistan**	[tʉrk'meni‚stan]
Ucraina (f)	**Ukraina**	[ʉkra'ina]
Ungheria (f)	**Ungarn**	['ʉŋa:ŋ]
Uruguay (m)	**Uruguay**	[ʉrygʉ'aj]
Uzbekistan (m)	**Usbekistan**	[ʉs'beki‚stan]
Vaticano (m)	**Vatikanet**	['vati‚kane]
Venezuela (f)	**Venezuela**	[venesʉ'ɛla]
Vietnam (m)	**Vietnam**	['vjɛtnam]
Zanzibar	**Zanzibar**	['sansibar]

www.ingramcontent.com/pod-product-compliance
Lightning Source LLC
Chambersburg PA
CBHW070818050426
42452CB00011B/2095